大化革新
前後的日本

周佳榮

著

商務印書館

大化革新前後的日本

作　　者：周佳榮

責任編輯：黃振威

封面設計：黃鑫浩

出　　版：商務印書館 (香港) 有限公司

　　　　　香港筲箕灣耀興道 3 號東滙廣場 8 樓

　　　　　http://www.commercialpress.com.hk

發　　行：香港聯合書刊物流有限公司

　　　　　香港新界大埔汀麗路 36 號中華商務印刷大廈 3 字樓

印　　刷：美雅印刷製本有限公司

　　　　　九龍觀塘榮業街 6 號海濱工業大廈 4 樓 A 室

版　　次：2021 年 3 月第 1 版第 1 次印刷

　　　　　© 2021 商務印書館 (香港) 有限公司

　　　　　ISBN 978 962 07 5823 2

　　　　　Printed in Hong Kong

目　錄

序

在日本史上，古代的大化革新（日文稱為「大化之改新」）與近代的明治維新互相輝映。前者以中國為學習對象，從而形成日本自己的國風文化；後者以西方為模仿藍本，發展而為日本今日的社會面貌。學習中見更新，模仿中有創造，是日本文化的特色，其文化重層性亦於此可見。

明治維新是近代日本重大的歷史事件，然而很少人注意到，要確切認識日本近代以來的進程，必須明瞭大化革新前後的歷史變化和文化發展。筆者編撰本書的原因，主要正在於此。

本書內容分為九章：第一章是日本歷史文化總論，從不同的分期法反映其時代變遷；第二至四章分述古代、中世、近世的政治和社會，集中探討律令制度、武家政權和幕藩體制，大化革新的關鍵意義及其影響，從中可以得到充分的說明；第五至八章通過文史名著、醫藥學術和浮世繪，重點論述日本傳統文化，並以專章介紹近代以前的女性角色，這是中文著作中較少提及的；第九章闡明早期日本與西方國家的關係，展現明治維新的背景及其由來。

本書原是筆者十多年來講授「日本史」等科目的教材，內容間或有所重複，亦難免詳略不一，這是要請專家學者見諒的。全書宗旨

是要指出中日關係由來已久，兩國之間的文化交流根深柢固，這是過往一百幾十年的經歷不能改變的，今後依然舉足輕重。書中加插的照片，主要是王惠子小姐拍攝的，使本書生色不少，謹此致謝。

本書印行之前，筆者已出版了《近代日本文化與思想》、《細語和風：明治以來的日本》和《一本讀懂明治日本》，對日本近現代史有興趣的讀者，可以用來一併閱讀。是為序。

周佳榮　謹識

2020 年 12 月 16 日

第一章

時代與文化

日本歷史的分期問題

歷史分期就是通過對歷史的時間劃分，來揭示歷史過程中不同時代的差別，發現不同時代的構成及其特色，並且將一個時代與其他時代分別開來。藉着分期方法，可以明確地顯示出各個時代的基本內容，包括政治、社會和文化概況，進而掌握從一個時代到另一個時代的歷史潮流。

　　根據不同的標準，便有不同的分期方法。日本史學界對本國史所採取的分期法，主要有三種：第一種是以政治為着眼點，即以統治者為中心的「政治分期法」；第二種是以現代為出發點，按照世界歷史時期三分法原則的「歷史分期法」；第三種是馬克思主義史學，即以社會經濟形態學説為理論基礎的「唯物史觀分期法」。此外還有一種與「政治分期法」相近，而着重文化發展狀況的「文化史分期法」。以下就各種分期法的內容，作詳細的説明。

政治分期法

這是最多日本史學者採用的一種分期法，是以政權所在地為基礎，兼用執政者的家族名稱及天皇年號；簡言之，就是以統治者為中心的分期法，亦可稱之為「政治分期法」。習慣上，這種分期法將日本歷史分為以下十多個時代：

一、大和時代。由公元四世紀初葉，至 593 年聖德太子（572–621）攝政。日本的古代國家，即大和朝廷於公元四世紀時征服九州、本州大部，至公元五世紀統一了除東北以外的日本本土。

二、飛鳥時代。593 年聖德太子攝政，推行改革，至 710 年從飛鳥藤原京（位於奈良盤地南端）遷都平城京（今奈良）為止。[1]

三、奈良時代。以平城京（今奈良）為京城的時代，從 710 年遷都時起，至 794 年遷都平安京（今京都）為止，是律令制的全盛時期。

四、平安時代。以平安京（今京都）為京城的時代，從 794 年遷都時起，貴族藤原氏專權，行攝關政治，至 1185 年源賴朝（1147–1199）在鎌倉成立政所。

五、鎌倉時代。1185 年源賴朝獲得許可，派部下到各地當守護、地頭，實際上已控制了全國，1192 年任征夷大將軍，設立鎌倉

1　飛鳥時代是以推古朝為中心的歷史時代，原為美術史的時代區分，後來為政治史所採用，其起迄年代有二說：廣義的飛鳥時代，指聖德太子攝政至遷都平城京（593–710）；狹義的飛鳥時代，則指推古朝（593–628）。後者為史學界的通說。

幕府²，武家（武士）政治開始。至 1333 年鎌倉幕府倒台，政權交還天皇。

六、南北朝時代。1333 年建武中興之後，日本形成兩個皇統對峙的政治局面，至 1392 年南朝倒台，南北朝統一。

七、室町時代，又稱足利時代。1392 年南北朝統一，足利尊氏（1305–1358）建立室町幕府，至 1574 年室町幕府結束。室町時代的末年亦稱「戰國時代」。

八、安土桃山時代，又稱織豐時代。1574 年織田信長（1534–1582）推翻室町幕府後，至 1598 年豐臣秀吉（1537–1598）逝世為止。織田信長居安土，豐臣秀吉則居桃山，故歷史上把這二人當權的時代名為「安土桃山時代」，簡稱「織豐時代」。

九、江戶時代，又稱德川時代。1598 年豐臣秀吉死，德川家康（1534–1616）繼而統治日本，建立江戶幕府，至 1868 年，江戶政權正式結束。³

十、明治時代。1868 年（明治元年）明治天皇即位，至 1912 年（明治四十五年）他去世為止。

十一、大正時代。1912 年（大正元年）大正天皇即位，至 1926 年（大正十五年）他去世為止。

十二、昭和時代。1926 年（昭和元年）昭和天皇即位，至 1989

2　日文「鎌」是「鎌」的簡寫，所以鎌倉原稱「鎌倉」；在中文著作中，「鎌倉時代」通常寫成「鎌倉時代」。

3　江戶是現在東京都中心部的舊名，江戶時代以將軍德川氏的城下町為幕府政治的中心地，所以德川幕府又稱江戶幕府。

年（昭和六十四年）他去世為止。其間又以 1945 年為界，分為前、後兩期。

十三、平成時代。1989 年（平成元年）日皇明仁登位，至 2019 年。日皇明仁於 2019 年 4 月 30 日退位，平成時代結束。日皇德仁登位，年號令和。

簡單來說，「政治分期法」先以古代天皇政權所在作為時代名稱，由最初以大和地方為中心的大和時代開始，飛鳥時代繼之，然後是遷都平城京的奈良時代，及遷都平安京的平安時代。接着的幾個時代，是以幕府或權臣所在地為依據，前者有鎌倉時代、室町時代、江戶時代，後者則有安土桃山時代；習慣上往往並用家族名稱，如足利時代、德川時代及織田、豐臣二姓各取一字的織豐時代；另外，有一個分裂的南北朝時代。1868 年明治天皇定都東京後，則以天皇年號作為名稱，包括明治時代、大正時代、昭和時代、平成時代，以及現在的令和時代。

「政治分期法」的弱點是過於強調日本歷史的個別特殊性，而忽略了日本史與世界史的共通性；而且沒有一定的原則，使分期的結果過於雜亂；此外，又沒有顧及社會狀態、政治構造和文化演進等問題，各個時代的特徵和區別並不明顯。不過，由於日本歷史的發展受統治者的支配頗大，這種方法實有其便利之處。例如說，鎌倉、室町、江戶三個幕府，均具有各自獨特的封建制度結構，分別看成三個不同的時代是恰當的；又例如，在武士階級支配的時代以前，「平安朝」反映了一定的時代形態。

歷史分期法

「歷史分期法」又稱「歷史時期三分法」，是以「現代」為出發點，將過去的歷史向上推，分成「近代」、「中世」和「古代」三個時期。這與外國史以至世界史的分期法是共通的，普遍為日本史學家所採用；不過用於日本歷史時，與世界歷史的發展並不是完全一致的。舉例說，「中世」始於何時？終於何時？近代的起點在哪裏？諸如此類，各人的觀點不盡相同。理由是以時間的連續來掌握歷史時，何者距今最遠，何者在中間，是不能單純地根據某一意義而確定的。

有人將「古代」分為「上古」、「中古」和「近古」，在「中世」和「近代」之間加上「近世」；也有人將「近代」稱為「最近世」，又在「古代」之前加上「先史」時代。現時學界的意見已大致相同，雖然關於「近代」和「現代」的界限問題仍有不同主張，但戰後以來，日本史學家大多同意 1945 年是「近代」的終點，同時又是「現代」的開始。

以「歷史時期三分法」為基礎，在「古代」前面加上一個「先史時代」，在「中世」和「近代」之間加「近世」，在「近代」之後是「現代」，一共有六個時代，是現時日本史學界通用的分期方法。

一、先史時代。文獻記載以前的時代，約由 15 萬至 25 萬年前開始，至 57 年，即中國東漢光武帝時，倭奴國到中國朝貢，是日本歷史有文字記載的開始。習慣上，也有稱為「遠古」的。

二、古代。57 年日本歷史有文字記載之始，至 1192 年鎌倉幕府正式成立。一般把大和時代及奈良時代稱為「上古」，而稱平安時

代為「中古」。

三、中世。1192 年鎌倉幕府成立，是武家政權開始，至 1574 年，即戰國時代結束之年，織田信長取得政權。中世包括鎌倉、南北朝、室町三個時代。戰國時代是指十五世紀中期至十六世紀中期約 100 年間的時光。

四、近世。1574 年至 1868 年明治天皇即位，武家政權結束。近世日本除了短暫的安土桃山時代之外，主要是指江戶時代。

五、近代。1868 年明治時代開始，至 1945 年日本戰敗投降，第二次世界大戰結束。明治維新打破了江戶時代的幕藩體制，使日本成為近代天皇制國家。

六、現代。1945 年第二次世界大戰結束以來，直至現在。現代日本政治最大的特色，是由天皇獨攬統治權的君主立憲制，改為以天皇為國家象徵的議院內閣制，亦即「象徵天皇制」。

唯物史觀分期法

日本歷史第三種分期方法，是馬克思主義史學家根據社會經濟形態學說作時期劃分，換言之，就是「唯物史觀分期法」。

第一、原始社會。由 15 萬至 25 萬年前開始，至公元四世紀初葉。其中可以細分為三個時代：一、舊石器時代，由遠古至公元前 7,000 年、8,000 年之前。二、繩文式土器時代（新石器時代），公元

前 7,000、8,000 年至公元前 250 年左右；因土器（即陶器）表面均有繩紋（日文寫成「繩文」），故名。三、彌生式土器時代（早期鐵器時代），公元前 250 年左右至公元四世紀初葉，因其時的陶器最初在東京都文京區彌生町發現，故名。

第二、奴隸制社會。公元四世紀初葉至 1185 年鎌倉時代開始。可分為下列三個時代：一、氏族的擬制奴隸制，由公元四世紀初葉至 645 年大化革新；二、國家的奴隸制，由 645 年至 902 年，其時日本仿唐朝制度採「班田制」（「均田制」），至 902 年之後不再存在；三、家父長制奴隸制，即從 902 年到 1185 年。

第三、封建制社會。上起 1185 年，下迄 1868 年，又可細分為：一、成立期，1185 年至 1408 年；二、發展期，1408 年至 1582 年；三、完成期，1582 年至 1751 年；四、解體期，1751 年至 1868 年。

第四、資本主義社會。1868 年明治時代開始以至現在。至於資本主義社會之後的共產主義社會，會不會在日本出現，或者何時才會到來，那便不是現在能夠預知的了。

文化史分期法

根據日本歷史演進過程中不同的文化形態及其特徵，亦可劃分為不同的時代。這種「文化史分期法」雖然不能涵蓋歷史的整體樣相，但也有其獨到之處，例如在說明遠古時代日本的社會狀況時，

便頗具代表性。以下是「文化史分期法」的大概：

一、舊石器文化，又稱「先土器文化」或「無土器文化」。「土器」即陶器，因為這個時代的人還不知道使用陶器，故名。

二、繩文文化。日文「繩文」是「繩紋」之意，即使用繩紋式土器的時代，約在 10,000 年前開始，延續至公元前後。繩文文化是日本的新石器時代文化，其遺物遺跡遍及日本各地。這個時代亦稱為「繩文時代」。

三、彌生文化，即使用彌生式土器的時代。彌生文化是日本早期鐵器時代文化，約從公元前三世紀到公元三世紀，播及除北海道以外的日本全土，與中國古代文化有密切聯繫。這個時代又稱為「彌生時代」。[4]

四、古墳文化，即彌生時代之後，盛行修築古墳，年代約從公元四世紀至公元七世紀，是日本原始國家的形成時期。這個時代又稱為「古墳時代」。

五、飛鳥文化。這是受朝鮮三國（高句麗、百濟、新羅）文化和六朝文化強烈影響的佛教文化，其範圍局限於以飛鳥為中心的畿內。

六、白鳳文化。這是公元七世紀後半葉繁榮起來的文化，繼承飛鳥文化，而為後來的天平文化奠定了基礎。[5]

4　彌生文化因其陶器發現於東京都文京區彌生町而命名，彌生時代的日本人稱為「彌生人」，以別於此前的「繩文人」，關東地區的彌生人具有介乎繩文人與「古墳人」中間的特徵。

5　「白鳳」是孝德天皇年號「白雉」(650–654) 的別稱，八世紀時的《藤氏家傳》等使用，以中瑞的雉換作大瑞之鳳。

七、天平文化。這是天平年間（729–748）前後繁榮起來的奈良時代文化，這是在律令政治和唐代文化影響下發展起來的。

八、弘仁・貞觀文化。狹義上指弘仁（810–824）至貞觀（859–877）間具特色的文化形態，文化史上則泛指公元 794 年遷都平城京以後一百年間的文化形態。其間由貴族和官吏形成的宮廷文化，全面吸收了中國文化，稱為「唐風文化」，以別於國風文化。

九、藤原文化。這是平安時代中後期，即 894 年至 1185 年間，以藤原氏攝關政治全盛時期為頂點的文化，是貴族文化的最盛期，脫離唐風文化的影響，國風文化成立。

十、鎌倉文化，即鎌倉時代武家文化和公家文化的總稱。「公家」指朝廷，「武家」指幕府。公家文化基本上佔優勢，武士階級則吸收公家文化。

十一、室町文化。室町時代的文化，大致可以分為初、中兩期。初期以第三代將軍足利義滿（1358-1408）營造的北山山莊為代表，稱為「北山文化」，其特點是融合傳統的公家文化和新興的武家文化；中期以應仁之亂時避入東山山莊（慈照寺銀閣）的第八代將軍足利義政（1436-1490）時為極盛，稱為「東山文化」，這是一種混合文化，融合傳統的公家文化、武家文化、五山僧侶帶來的宋文化、新興的庶民文化。[6]

6　「五山」指京都靈龜山天龍寺、萬年山相國寺、洛東山建仁寺、慧日山東福寺、京城山萬壽寺。另有鎌倉五山：巨福山建長寺、瑞鹿山圓覺寺、龜谷山壽福寺、金鋒山淨智寺、稻荷山淨妙寺。

十二、安土桃山文化。這是織田信長、豐臣秀吉掌權的時代，適逢日本中世結束、近世開始，因此是擺脫古老文化和風俗習慣，而創造洋溢清新氣氛的一個新文化時代。

十三、江戶文化。這時期的文化主要有二：其一是「元祿文化」，即元祿時代（1688–1703）前後約 30 年間產生的文化，町人階級興起，形成廣泛創造城市文化的基礎；其二是「化政文化」，即文化年間（1804–1818）及文政年間（1818–1829）的庶民文化。

十四、近代文化，是指明治時代、大正時代及昭和時代前期，即 1868 年至 1945 年間的日本文化。由明治維新至第二次世界大戰結束，日本在這七十七年之中，經歷了前所未有的巨變。政治、經濟、軍事從興盛到衰敗，文化方面則甚可觀。

十五、現代文化，亦稱「戰後文化」，1945 年日本戰敗投降以後直至現在，即指昭和時代後期、平成時代及令和時代的文化。戰後改革和經濟增長，促進了文化發展，各方面都與戰前截然不同。

綜合分期法

上述四種分期法各有其特色，也有若干共通之處，考慮到各種分期法的優點，可以概括為一種折衷的「綜合分期法」。這種方法是將日本歷史劃分為四個社會階段，每個階段又細分為若干個時期（總共是 15 個時期），既能反映日本史本身的獨特發展，又能配合世界

史的分期。詳細劃分如下：

第一階段（原始時代）。從時間上來說，這是古代日本有文獻記載之前的「先史時代」，始於 15 萬至 25 萬年前，至公元四世紀初。以文化角度分，包括舊石器時代（亦稱先土器時代），及根據出土陶器而命名的繩文時代和彌生時代。其社會經濟形態，大致上與馬克思主義者所說的「原始社會」相配合；後期已形成政治性的地區集團，「小國家」林立。[7]

第二階段（古代）。大約從公元四世紀初至 1192 年，相當於馬克思主義者所說的「奴隸制社會」。結合政治發展和文化形態，可以細分為古墳時代（即大和時代）、奈良時代和平安時代。[8]

第三階段（中世、近世）。從 1192 年至 1868 年，相當於馬克思主義者所說的「封建制社會」，其中計有鎌倉時代、室町時代，包括室町幕府成立前的南北朝時代，以及末年的戰國時代。文化上則分為北山文化和東山文化。另外尚有安土桃山時代（即織豐時代）及江戶時代（亦稱德川時代），其文化以元祿文化和化政文化為代表。

---

7 「小國家」即部族小國、部落式的政治集團。《漢書・地理志》云：「夫樂浪海中有倭人，分為百餘國。」

8 古墳時代階級對立尖銳，豪族間的爭奪激化。奈良時代，在律令制社會內，統治階級是以天皇為首的中央貴族和地方貴族，被統治階級叫作「公民」（亦稱編戶之民、調庸之民）的自由民，和叫作「五色賤」的奴隸、準奴隸階級，「五色賤」是律令制下五種賤民，即：陵戶、官戶、家人、官（公）奴婢、私奴婢的通稱。這個時代的社會性質眾說紛紜，分歧較大，按其性質，可歸納為奴隸社會說和封建社會說；前者依據原始共同體的大量殘存和奴隸形態沒有充分發展，又可分為總體奴隸制、父家長奴隸制、不發達奴隸制幾種說法。至於平安時代，日本學者大多認為具有普遍奴隸制向封建制過渡的性質。

　　第四階段（近代、現代）。從 1868 年（明治元年）開始至今，相當於馬克思主義者所說的「資本主義社會」，通常以 1945 年為界線，劃分為戰前（近代）、戰後（現代）兩個時期。日本學界習慣上仍多沿用天皇年號作為時代的標記，劃分為以下兩個歷史時代：明治・大正時代及昭和・平成時代。將大正時代作為明治時代的延續，基本上是合適的；但以昭和時代作為「昭和史」，則前期（1926–1945）和後期（1945–1989）的巨大差異就顯得比較模糊了。近年出現的著作，則按年號次序劃分為明治、大正、昭和、平成、令和五個時代。

表 1-1　日本史綜合分期法

四個社會階段	十五個歷史時期
第一階段 原始時代 （先史時代／原始社會）	舊石器時代（遠古–約 10000B.C.） 繩文時代（約 10000B.C.–約 300B.C.） 彌生時代（約 300B.C.–約 300A.D.）
第二階段 古代 （奴隸制社會）	古墳時代（大和時代）（約 300–710） 奈良時代（710–794） 平安時代（794–1185）
第三階段 中世、近世 （封建制社會）	鎌倉時代（1185–1333） 室町時代（1333–1586） 安土桃山時代（織豐時代）（1586–1600） 江戶時代（德川時代）（1600–1868）
第四階段 近代、現代 （資本主義社會）	明治時代（1868–1912） 大正時代（1912–1926） 昭和時代（1926–1989） 平成時代（1989–2019） 令和時代（2019–現在）

表 1-2　日本歷史分期

西曆	時間	社會	文化	政治
B. C. ─ 500　AD. ─ 1	先史時代		15—25 萬年前　先土器 Sendoki　繩文 Jomon	
57		原始社會		
─ 100			彌生 Yayoi	（小國家）
─ 200				
─ 300		四世紀初		四世紀初
─ 400	古代			大和 Yamato
─ 500			古墳 Kofun (Tomb Culture)	
─ 600				593（聖德太子攝政）
─ 700		奴隸制社會	飛鳥 Asuka Period　白鳳 Hakuho Period	飛鳥 Asuka（遷都平城京，710 今奈良）　奈良 Nara
─ 800			天平 Tempyo Period　弘仁 Konin	（遷都平安京，794 今京都）
─ 900			貞觀 Jogan	
─1000			藤原 Fujiwara（院政 Insei）	平安 Heian
─1100				（源賴朝在鐮倉成立幕府，1185 年得政府許可，派部下到各地當守護地頭，1185 實際上控制了全國。）
─1200	1192	1185	鐮倉 Kamakura	鐮倉 Kamakura（建武中興，1333 政權交還天皇）
─1300	中世	封建制社會	室町 Muromachi（東山 Higashiyama）（北山 Kitayama）	南北朝 Southern & Northern Courts 1392（南朝倒台，北朝統一）　室町 Muromachi（足利 Ashikaga）
─1400				
─1500				
─1600	1574	1574	桃山 Momoyama	1574　1598（豐臣秀吉死）安土桃山
─1700	近世		江戶 Edo（元祿 Genroku）（化政 Kasei）	江戶 Edo（德川 Tokugawa）
─1800				
─1900	1868　近代	1868　資本制社會	明治 Meiji　大正 Taisho	1868 明治 Meiji　1912 大正 Taisho
─2000	1945　現代		昭和 Showa　平成 Heisei　令和 Reiwa	1926 昭和 Showa　1989 平成 Heisei　2019 令和 Reiwa

第二章

古代日本

文明起源和律令國家的成立

日本歷史上的古代，一般是由公元 57 年有文字記載開始算起，至 1192 年鎌倉幕府成立為止，前後長逾 1,000 年。中國東漢光武帝時（公元 25-57 年在位），倭奴國到中國朝貢，其事見於中國史書記載，日本方面則有出土金印為證。在有文字記載以前，約由 15 萬年至 25 萬年前開始，至公元 57 年，稱為「先史時代」，即史前時代之意。

若據社會經濟形態學說作時期劃分，公元四世紀初葉之前的日本屬於原始社會，當中可以細分為三個時代：一、舊石器時代，即先土器時代，由遠古至公元 7,000、8,000 年前；二、新石器時代，即繩文式土器時代，由公元前 7,000、8,000 年至公元前 250 年左右；三、早期鐵器時代，即彌生式土器時代，由公元前 250 年左右至公元四世紀初葉，這個時代的後期已形成政治性的地區集團，「小國家」林立。公元四世紀初葉以前，是日本的遠古時代。

公元四世紀初葉至 1185 年鎌倉時代開始，馬克思主義史學家稱之為奴隸制社會，亦可細分為三個時代。一、氏族的擬制奴隸制，即由四世紀初葉至公元 645 年大化革新；二、國家的奴隸制，即由 645 年至 902 年，其時日本仿唐朝制度採「班田制」（即均田制），至 902 年不再存在為止；三、家父長制奴隸制，即由 902 年至 1185 年。此後，日本便進入封建制社會。

　　若就文化形態和政治及發展來說，古代日本繼彌生時代之後，可以概略劃分為三個時代；一、大和時代，又稱古墳時代，約公元 300 年至 710 年；二、奈良時代，710 年至 794 年；三、平安時代，794 年至 1185 年。在日本文化史上，一般以大和時代及奈良時代為上古，而以平安時代為中古。

原始社會的生活

一、日本民族的形成

日本列島原與亞洲大陸相連，但由於地殼變動的結果，大約在距今 10,000 年前，已完全與大陸分離。究竟日本列島自何時開始有人定居，至今尚無明確結論。1931 年在兵庫縣明石市西八木海岸發現的人類腰骨，1948 年命名為明石原人[1]，推定為洪積世人類的化石，但是對此表示懷疑的人頗多。其後，1950 年在栃木縣發現的葛生原人[2]，1958 年在愛知縣發現的牛川原人及在靜岡縣發現的三個日原人等化石[3]，都確定為洪積世人類化石，說明在日本列島上，很久以前已經有人居住。其年代在 10 萬乃至 40、50 萬年以前，但由於日本列島自然環境的激變而告絕種。不過，他們與亞洲大陸的舊石器文化到底有沒有關連，與後來的日本人有無接續的關係等，至今

---

[1] 明石原人亦稱明石猿人，是日本原始人類。1931 年，早稻田大學直良信夫 (1902–1985) 在兵庫縣明石市西八木海岸洪積層中發現古人類腰骨化石，但該化石在第二次世界大戰中被毀。戰後，東京大學長谷部言人 (1882–1969) 根據模型和照片進行研究，認為這是與北京猿人相近的洪積世人類。不過，日本學界對此仍有爭論。

[2] 葛生原人又稱葛生人，1925 年在栃木縣安蘇郡葛生町大葉發現靈長類的上肢骨，1950 年又在該町發掘出下顎骨片、上腕骨、大腿骨等，同時出土骨角器，但沒有發現石器。

[3] 三個日原人又稱三日人，1959 年在靜岡縣引佐郡三日町發掘出頭骨片、頭頂骨片、側頭骨等七件人類遺骨。據研究，三日人的身長為 149 厘米，大腿骨呈柱狀，眼窩上已不見猿人那樣的隆起，具有智人的特徵。相伴出土的，還有熊、野豬、鹿、猛獁象、虎、大角鹿、狼等動物遺骨。

未能解決的問題仍多。

　　現代日本人的來源究竟如何？人類究竟由何路進入日本？學界仍然未有定說。一般推斷，早期的人類分別從亞洲南北兩路來到日本，在列島上經過長時期的混血，從而形成具有共通語言及風俗的日本民族。日語在語法及音韻法則等方面，屬於北方阿爾泰語系的成分居多；至於基本語彙，則受南方波利內西亞語的影響。這是推定日本民族從南北兩方渡來的根據之一。其他如神話、風俗、習慣、體質等方面，也可見到南北兩種因素。日本學者曾在人類學方面加以探討，惟至今尚未有圓滿結論。

　　然而，此種混血而成的原始日本人，與現代日本人的關係到底又如何？主張二者完全沒有關係的學說，由於欠缺科學根據，在今日已幾乎無人提及。主張二者有關係的學說，又可分為兩種：一說認為由於後來混血的結果而產生差別，另一說則認為由於生活環境的變化而產生差別。到底何者較為妥當，至今仍難有定論。

　　如上所述，日本列島上人類渡來的時期，其原住地以及人類的系統，他們與現代日本人在人種上的關係等等，均不甚明瞭。無論如何，一般認為，共有日語祖語的日本民族，其形成是在直到彌生文化為止的時期。

二、無土器文化（石器時代）

　　無土器文化是指僅有石器而無土器（陶器）的文化，亦稱先土器文化或前繩文文化。向來學界認為日本最古的文化，是隨繩文式土

器而來的繩文文化，在此以前並無文化存在。但在 1949 年，群馬縣新田郡笠懸林岩宿遺跡，在包含繩文早期的稻荷台式土器的地層下面的關東墟層中，發現了頁岩製的剝片石器（石斧式石器），確認並無伴隨出土的土器，是繩文式土器以前的遺物，其包含地層推定是洪積世後期。此一事實，與當時學界的常識距離太遠，難以得到承認。但不久在東京都板橋區茂呂町及長野縣諏訪市茶臼山等地的墟姆層中發現了石器，又在北海道及瀨戶內海沿岸相繼有同類的發現。日本在繩文文化之前已有文化存在，終於得到一般的承認，成為確切的事實。日本史上稱此為「先土器時代」，亦作「先繩文時代」。距今 10,000 年前，日本處於舊石器時代，人們使用打製石器，過着漁獵採集生活，由於尚未出現土器，所以中文稱此為「無土器時代」。

　　關東地區的無土器時代遺跡，全部都在墟姆層中發現。因此，遺跡及遺物的年代，可以根據墟姆層推定。簡略地說，是 10,000 年前以至 20 餘萬年前的遺物。

　　根據以無土器文化的發現為機緣而產生的關東墟姆層團體研究會等的研究，南關東的無土器時代、遺跡，至今為止，全部發現於立川墟姆層中，較其古遠的武藏野、下末吉、多摩的各墟姆層中，則無發現。立川墟姆層至遠是距今 10,000 年以前的堆積。所以立川墟姆層中所含的石器，可確定是 10,000 年前的遺物。茂呂町遺跡則相信是 10,000 年至 20,000、30,000 年以前。

　　北關東的墟姆層分為上位、中位、下位三部分。大體上說，上部與立川墟姆層相當，中部與武藏野墟姆層相當，下部與下末吉墟

姆層相當。因此，下部墟姆層所包含的群馬縣勢多郡新里林不二山
遺跡，中部墟姆層所包含的同伊勢崎市豐城町權現山遺跡，及岩宿
遺跡的第 I 層等，是在立川墟姆層以前，即較 20,000、30,000 年更
古遠。下部墟姆層的年代為 15 萬年乃至 24 萬年前，不二山石器大
約與北京猿人的石器相當。

一、無土器時代的石器。這時代的石器有幾個種類，依照各種
遺跡所在的地層位置，可按時間編年，其順序為：握槌形石器、刃
器形石器、尖刀形（切出形）石器、搔器形石器、尖頭器形石器。據
此，可以大略說明人類所用石器的演進概況。

至目前為止所發現的遺跡中，最古的是不二山遺跡、權現山遺
跡（第 I、第 II）及岩宿遺跡（第 I）四處。其共同特徵為礫器式及握
槌式石器。這與大陸的前期舊石器文化的特徵完全一致，據此可推
測兩者有密接關係。若關東墟姆層在地質學上的研究再有進步，則
可確定究竟兩者在時間上是否並行，抑或日本方面的時間稍後。

二、細石器文化。在無土器時代的末期，有細石器的製作。所
謂細石器，是舊石器時代後期出現的小型石器，以細石刃（小型刃器）
為主，在木柄或骨構上刻溝鑲入石刃，而成「組合道具」使用。在亞
洲和歐洲，由洪積世末年至沖積世初年，這種細石器曾大量製作。

日本方面，從包含的地層來看，也與大陸相同，屬於同一時期
的文化。其分佈由北海道至九州，遍及全國。不過，東日本與西日
本，顯示出相當程度的差異。有關的研究尚在進行，有待解決的問
題仍多。

三、繩文文化

先談繩文文化的起源。細石器時代盛行於日本全國時,是在無土器時代的末期,為時較短。不久,就出現了繩文式土器所代表的繩文文化。這是日本的新石器文化,最大特徵是開始製造陶器,陶器的表面多數有繩紋,因而得名。其時間至公元前三至二世紀前後為止,凡數千年,但確實的年代尚無法用科學方法計算出來。

繩文式土器可以大致區分為五個時期,即早期、前期、中期、後期、晚期。[4] 早期的陶器僅有簡單的繩紋;前期的陶器,繩紋較複雜;中期的陶器,有雕刻及立體裝飾;後期及晚期的陶器有多種形狀,紋樣亦富於變化,甚為華麗。

繩文時代的人類多豎穴而居,即在地面挖圓形或四邊形的穴,中間豎立四、五根柱子,四邊用草覆蓋,作為屋頂。早期居址的特徵,是火爐並不設在屋內,可能是由於房屋構造上的問題,或者是精神生活上的問題。自前期以後,爐設在屋的中央,從入口來看,是設在稍稍內面的位置。時代愈後,爐的設備愈整齊完備,相信爐已成為人們生活的中心。屋的構造也漸呈複雜,較前發達,後期甚至有用平滑的石頭舖在屋內。繩文時代的特徵包括:陶器的製造、石器的磨製技術、漁撈活動,及在狩獵活動中使用弓矢。

從已發掘出來的集落遺址來看,早期、前期的居住集團規模很小,僅二三戶至四五戶聚居在一起;中期至後期、晚期,則為四五戶

4　繩文文化據此分為五期,也有在早期之前加一個草創期的。

或稍多。推算一戶的收容能力為四至五人，一個集落的人口大約為
10 至 30 人。但也有多至百餘戶，數百人一起生活的情況出現。

　　繩文時代的人類開始使用弓箭，這是無土器時代的人所不知道
的。神奈川縣夏島貝塚的第一貝層中，發現了兩枝用豬的大腿骨造
成的骨鏃；群馬縣稻荷台式遺跡中，也有很多石鏃隨陶器出土，都
是其證據。千葉、琦玉、青森等縣又發掘了木弓的遺物。弓箭的發
明，使狩獵技術有飛躍的進步，獲物增加，生活程度必然較前提高。
當時的人還開始使用船舟。夏島貝塚當時是海中的小島，從魚骨的
種類及豬骨製的釣針等，可以推想當時的人乘船捉漁。在千葉縣、
岩手縣等地，有繩文時代的獨木舟出土，是主要的證據。從貝塚中
發現的小魚的魚骨，可推想當時人甚至使用網作為漁具。貝塚即貝
類堆積層遺址。[5]

　　如上所述，漁撈與狩獵是當時的主要活動。但也有例子說明他
們還貯備植物性的食糧以備過冬（貯藏庫的實例）。至於繩文文化的
風俗方面，從繩文時代的人類遺骨，可見當時有拔齒的風俗，即將
健康的前齒拔去一部分，拔齒方法在不同時代及地方，有一定的法
則。通常以左右對稱式為多，男女皆行拔齒，其形式無顯著差別。
拔齒的目的不甚明瞭，據研究，或謂是為近親服喪，或謂是男女行

5　貝塚是海岸附近部落捕食貝類遺留下來的垃圾場，也有在湖泊周圍形成的。繩文
　　時代早期已有發現，彌生時代和古墳時代也偶有發現。貝塚的外形，有馬蹄形、
　　半月形、環形和小貝塚等；貝的種類，分為純鹹、以鹹為主、半鹹半淡、以淡為
　　主、純淡等。根據貝塚在整個部落構成中的位置，例如與居住地點、廣場、基地
　　等的關係，可以了解當時人們的生活狀況以至文化變遷等。

成年儀式。還有，繩文時代的人用赤色顏料塗飾身體。裝飾品方面，用於頭髮的有梳、笄、髮針等。梳多為骨製，亦有用竹或木作齒，插在粘土所造成的座上而成梳。耳環有土製、木製、石製、骨製的，在耳上穿孔嵌入。手鐲有貝殼製和骨角製的，主要似為女性配戴。另外，還有一點需注意的，是繩文時代的人身份高低或者貧富之分的現象並不顯著。

當時的埋葬法是屈葬，即在家屋近旁挖一簡單的穴，將屍體的腳屈置埋葬，頭部大多向東方或東南方。屈葬的理由，大概是由於掘墓穴時節省勞力，姿勢有如在母胎中的嬰兒，有安息之意。而且，繩文時代人類相信死後有靈魂，屈葬可使其再生，亦有束縛身體，防止死靈復活，作祟生者。不過真正的原因實無從確定。還有，這時代中，有些時期或地區，是採用伸展葬的。當時的人對於死亡到底抱何看法，已無從得知。但他們對於死者，抱畏怖之感相信較愛慕之情為多。

土偶則是人形的土製品，是繩文時代最具代表性的遺物，軀體成板狀，表情幼稚，一般認為是女性形象，可能與生殖和追求豐盈生活有關。土偶在繩文時代早期即有發現，大多數是在中期以後；在東日本的分佈尤其密集，有不同的種類。

四、彌生文化

到了公元前三至二世紀左右，北九州的一角產生了與繩文文化完全異質的新文化，並急速地傳播到東方。這種新文化稱為彌生文

化。它的來臨，與當時的大陸與半島的情勢是有密切關係的。換言之，這是一種外來的文化。彌生文化的特徵是彌生式土器、稻作技術和金屬器，都是由大陸傳來的。[6]

彌生式土器的製作與繩文式陶器相同，亦以粘土為材料，但較精細，質地較優，表面平滑，有各種圖形的花紋，無花紋者亦平滑而有光澤。使用高溫燒成，呈赤褐色，較薄而結實。這種新的技術，並不是日本既有技術的自然發展，而是由海外傳入。陶器可分為前、中、後三期，北九州最古，漸次普及於東方。

在稻作技術方面，水稻耕作令人類的生活大幅改變。首先，貯藏稻米，食的生活可以安定下來。第二，水稻耕作需要很多人協力作業，集落擴大，並增加了固定性。第三，水稻耕作受天氣左右頗多，有咒術的能力，可以控制天候等自然現象者，受到尊重，統率部落。關於稻的發祥地，傳入的路線等不明白的地方很多，不過此後的日本人以稻米為主要糧食，實於此時奠定。

而在金屬器具的傳入方面，彌生時代的銅器、鐵由大陸輸入日本。初時大部分是農具，中期以後則以武器較多。至於這時代人類的生活，也與以前有若干不同。居住方面，農耕開始後，在低濕水田附近的低平地區居住者漸多。因低平地區濕氣大，又恐有水患，故不宜豎穴居住。以登呂遺跡為例，以橢圓形的土壘圍起來，四周

6　彌生文化從較易受中國、朝鮮影響的北九州開始，播及除北海道以外的日本全土。由於遺物中發現漢代銅鏡和王莽時代的貨泉，證明彌生文化與中國古代文化有着密切的聯繫。

有板以防止水浸，地面用黏土封固以防濕氣上昇。支柱深埋，屋頂至地面覆以蘆草，地面中央置爐，除炊食外，亦作為照明、防濕及家族圍爐團聚之用。集落中除居屋外，尚有穀倉，離地四、五尺，出入用梯子。從穀倉在村落中的位置來看，相信是由村人共管。

食物方面，初時乃以獸肉、魚貝為主，漸次倚重稻米。用甕煮粥，也有炒米以便保存和攜帶。副食品及輔助食料有海藻類、山菜，鹿、豬等獸肉，魚貝類等。必須注意，彌生時代初期，稻米並不是主要的食品。當時的家畜，除了繩文時代以來養狗外，還飼育馬、牛、雞，但家畜主要並非作為肉食。

衣料方面，用植物纖維紡織而成，有原始紡織機可織成一尺大小的織物。已知道如何利用麻，但使用的程度則不明瞭。頸飾有硬玉製的勾玉，碧玉製的管玉。手鐲則有卷貝切成的釧、青銅製的釧。拔齒風俗仍可見。

墓地豎立標識，屍體放入棺中埋葬。有副葬品（大多數是由大陸來的刀、劍、鏡）。這時代的人，對於死者所持有的力量抱着敬意，與繩文時代的人恐懼靈魂復活不同。另外，社會上已有地位高低及貧富之別。

日本自製青銅器的分佈狀況，可以岡山和廣島為界線，分成兩個文化圈：一是西部的北九州文化圈（包括本州西部及四國），有銅劍、銅飾、銅戈；其方法是將大陸輸入的劍、戟熔化，改鑄成大型的戟、劍。二是東部以大和為中心的近畿文化圈，有銅鐸（約為秦代編鐘所演變而成的物件，當作祭祀器具使用）和銅鏃（箭頭）；其

方法是將大陸輸入的劍、戟熔化，改鑄為銅鐸。此一文化圈後來逐漸傳播到關東地區。

　　總結來説，日本原始社會的狀況，直到近年的研究結果為止，所知仍然不多，但已經有了若干突破性的發現。其中最主要的成果之一，是由於舊石器及一些洪積世人類化石的出土，證明了日本有舊石器時代的存在。從若干萬年前直到數千年前為止。其後有進一步的發展，進入了新石器時代，因為繩文式土器的使用，所以稱為繩文時代。人們以狩獵、漁撈、採集為生。牧畜仍未發達。到了公元前三至二世紀左右，因着水稻耕作的開始，進入農耕社會，稱彌生時代。土器的製作技術比繩文時代提高，青銅器及鐵器輸入，生產用具改進，集落規模擴大，村落的居住固定化，生產力向上，產生了階級和權力。這個時代大約到公元二至三世紀為止，為時數百年，然後進入古代社會，初具國家規模；在文化史上，則進入古墳文化時代。

古代國家的成立

一、考古發現和地理形勢

　　日本列島與大陸完全分開而成為現時的樣貌，是在地質時代的第四紀（即最近 100 萬年之間）。它的基本性質在第三紀已大致決

定，至第四紀時，因為泛世界所起的阿爾卑斯山運動的結果，各地產生了陷沒和海浸的現象，在洪積世末期（30,000 至 50,000 年前）產生了津輕海峽，跟着在沖積世初期（10,000 年前），產生了宗谷海峽。即是說，在距今大約 10,000 年前，日本與大陸完全分開。其證據之一，是在新第三紀的地層發現了大陸南方原產的哺乳動物的化石，如舊象等。古人類化石則有明石原人、葛生原人、三個日原人，以及牛川人。[7]

根據地理形勢，推定人類渡到日本列島的路線有二：其一是經過庫頁島（樺太）、北海道、千島羣島、朝鮮半島等地，由亞洲北部而來；其二是通過琉球弧（羣島）、伊豆七島（即馬利阿那羣島），由亞洲南部而來。

二、中國古書上所見的遠古日本

日本使用漢字從事記錄，是在六世紀的時候，在此以前的歷史，除了參照考古學上發掘的成績外，必須利用中國和朝鮮的史書。有關日本的最初而且較為確實可信的記載，是《漢書地理志‧燕地》之部：「夫樂浪海中有倭人，分為百餘國，以歲時來貢見云。」樂浪是西漢在衛氏故地所置四郡之一。雖然百餘國這個數字不一定精確，但據此可以知道公元前一世紀之際，日本北九州一帶有很多個小國

7　牛川人，1957 年在愛知縣豐橋市牛川町發現古人類的上腕骨和左側大腿骨。學者根據遺骨推算，牛川人身長約為 134.8 厘米。大腿骨的三角筋不發達，與早期智人相似。

家分立。所謂小國家，是一些部落式的政治集團。

《後漢書・東夷傳》謂光武帝「建武中元二年〔57 年〕，倭奴國奉貢朝賀，使人自稱大夫，倭國之極南界也，光武賜以印綬。安帝永初元年〔107 年〕，倭國王帥升等，獻生口〔有技術的奴隸〕百六十人，願請見。」又説：「桓靈間〔二世紀後半〕，倭國大亂，更相攻伐，歷年無立。有一女子，名卑彌呼，年長不嫁，事鬼神道，能以妖惑眾，於是共立為王。」這些記載也説明了紀元一、二世紀時，日本的一些小國家已與中國交通。在史事的背後，當然可以看到大陸文化傳入日本的情況。以前日本學者認為倭奴國或倭國是統一後的日本，但也有學者認為倭奴國只是九州的一個小國，在九州等地的極南端。

1784 年，有一個農民在九州博多灣志賀島田溝地層發現一個刻有「漢委奴國王」五個字的金印，經過當時學者的研究，證實是光武帝賜給倭奴國王的金印。

本來，《後漢書》記載倭人入貢及受封事已算明確；但陳壽（233–297）的《三國志》比《後漢書》先出，而《魏志》記倭人事又很詳細，所以治日本史者，特別注重《魏志》。現代的日本史家，差不多都承認《魏志》的價值，視為研究史前時期日本歷史的一個鑰匙；不過，書中所記有含糊籠統之處，尤其是在日本地理及人民生活等方面，對此各人的論斷仍然不同，沒有一致的見解。

《魏志》的內容，包括倭國 30 個國家的地理位置，交通狀況，人民生活，卑彌呼女王的首都所在地，女王的統治方式，與魏國通使

的經過。通過這些記載可以清楚認識當時日本的政治和社會，也可以知道早期日本與中國交通的情形。

三、邪馬台國

　　階級的發生是國家誕生的前奏。負責領導一族的族長以及擔當公職如軍事指揮官之類的人，更逐漸形成一個統治階級，產生了權力機構，最後遂有國家的產生。日本列島上人類階級的成立，是由於採用稻作技術的結果。而在日本初期的社會階級形成過程中，有一個特徵：即是直接由採集生活進入水稻農耕生活，沒有經過遊牧階段。

　　從中國古書《魏志‧倭人傳》得知，二世紀後半，即彌生時代後期前半左右，倭國曾經大亂，結果產生了統一的國家 —— 邪馬台國。這是集合數十個小國家而成的聯合王國，原以男子為王，後因戰亂，乃共立一女子卑彌呼（？—約 247 年），有男弟佐理國政。統制力甚強，秩序良好，階級森嚴。因卑彌呼與狗奴國男王卑彌弓呼素不和，互相攻伐。卑彌呼死，更立男王，國中不服，更相誅殺，復立卑彌呼宗女壹與為王，年十三，國中遂定。

　　日本史家對《魏志》的記載十分重視，至謂：「邪馬台國的問題，是打開日本歷史的第一扇門扉。」因為邪馬台國的位置，〈倭人傳〉中記載不詳，成為爭論的重點所在，自江戶時代以來有各種不同的說法。其中最為重要的是「九州說」及「畿內大和說」。

　　主張九州說的學者認為，邪馬台國的所在地是北九州南部筑後

山門郡附近。主張畿內大和說的則認為弄錯方向，大和附近出土的文物較符合所述。內藤虎次郎（內藤湖南，1866–1934）主此說，但與水程有矛盾。

如上所述，我們可以得知三個確實年份和相關史事：

公元 57 年，北九州倭奴國王遣使到東漢，漢光武帝授以印綬，刻有「漢委奴國王」字樣，是中日關係有文字記載之始。107 年，倭面土國王帥升遣使東漢。獻生口百六十人。239 年，邪馬台國女王卑彌呼遣使帶方郡，魏明帝稱她為「親魏倭王」。相傳她善鬼道，長咒術，實際上由她的弟弟治理國家，約在公元 247 年，卑彌呼死於與狗奴國的戰爭中。中國史籍還提到，266 年倭女王向西晉進貢，此後不見記載。

「倭」（Wa）是古代中國對日本的稱呼，而稱日本人為「倭人」。關於「倭」字有兩說，一說是日本人的自稱，一說出於九州筑前的地名「委」，「委」是「倭」的通假字。

四、日本史書的記載

《倭人傳》的記事，只及於壹與即位後，於 266 年（西晉泰始二年）遣使中國而止。此後，由於中國南北朝的戰亂，中國史書對於日本的記載，完全是一片空白。因此，只有從日本的傳說與韓國出土的碑銘以及日本的古墳，來印證和推論有關日本統一國家形成的過程。

日本人記述日本社會、歷史與思想的最早史書，是《古事記》與《日本書紀》，並稱「記紀」。《古事記》是太安萬侶於 712 年撰成（近

年發現了他的墓）。《日本書紀》則於 720 年由舍人親王完成。兩書均按時間順序記述天皇祖先各神祇，歷代天皇系譜及當時事件。其中有忠實的記載，也有出於想像而將史實加工、變形者。其取材或得之於民間傳説，或出於創作。其中〈神代〉、〈神武建國〉諸篇，主要在建立天皇之所從出，以確立天皇的權威。

據説，在遠古的神代，日本有男女二神，生有許多神祇，其中之一的天照大神，統治高天原，即日本天皇的祖先。其弟胡作妄為，被逐至出雲地方，漸向山陰發展。天照大神遂命其子孫為葦原中國之君主。而日本天皇的始源地，就在大和。不過，接着又有天孫降臨的事跡：天照大神有意命他的兒子天忍穗耳尊降臨葦原中國，適逢孫瓊瓊杵尊誕生，為大神所寵愛。天忍穗耳尊遂欲以伐己。天照大神乃下神敕，令天孫降臨九州南部日向高千穗峰，逐漸統一了日向地方。其後裔即神武天皇。他在位時，統治已相當鞏固，乃開始東征，從九州至本州，終入大和，設宮殿，即帝位。據《日本書紀》計算，是年即公元 660 年的辛酉年。但據史家那珂通世（1851–1908）的考證，此年份極不可靠，應大致在西曆紀元前後，即東漢光武時期。此説大抵已為日本史學家所承認。這一傳説，顯示在一世紀左右，大和地方已有一個強大的氏族存在，其勢力或許是由九州遷來的。

神武建國之後，景行天皇擴張勢力，其子日本武尊曾東征關東地方的蝦夷，西討九州的熊襲，顯示大和朝廷在三世紀後半至四世紀前半已將其勢力擴展到關東與九州。在三世紀末，大和及附近

地方已有壯觀的古墳出現，表示當地統治者的權力已很強大。其後
又有神功皇后的征伐三韓，反映出當時日本已經統一，有較大規模
的國家形態，才有能力向韓國進展。據說並曾在韓國設置任那日本
府，是日本史上第一次向外殖民。據《日本書紀》記載計算，是在公
元 366 年，但韓國發現的「高句麗廣開土王碑銘」所載，則在四世紀
末年。

五、大和朝廷

　　記紀的內容不一定可靠。而且，最重要的一個問題是：中國史
書上所記的，直到三世紀時仍存在的邪馬台國，其後來的命運到底
如何？

　　主張畿內大和說的學者，有兩種見解：其一認為邪馬台國即大
和朝廷；其二認為兩者之間曾經斷絕，並不相連接。若主張前者，
則《魏志‧倭人傳》與記紀的內容有很少不相符和衝突的地方；若
主張後者，則《魏志》與記紀的不一致，並不成為問題。

　　主張北九州說的學者，亦有兩種對立的意見：其一認為邪馬台
國為大和朝廷所滅，另一派則認為邪馬台國東遷而成為大和朝廷。
但記紀中完全沒有關於前者的記載，而後者則可視為即是神武天皇
東征的傳承。

　　雖然，神武東征傳說，配合着彌生文化東漸的文化現象似乎得
到較大的支持，但從考古學所得的知識考察，日向的古墳羣從年代
上而言，是屬於後期的產物，有疑問之處同樣不少。平心而論，關

於邪馬台國，不論是所在地也好，或者是後來的歷史發展也好，在今日仍是無法明瞭的。

但有一點可以肯定的是，在四世紀中葉時，大和朝廷已是統一日本全國的中央政權，其統治者亦即今日皇室的祖先。不包括九州南部及關東以北，這地區為阿伊奴人之勢力範圍。[8]

大和朝廷是由氏族構成，即是氏族國家。「氏」的原意大概最初是由於血緣關係而結合的同族團體，後來或者擴大而以地緣關係相結合，有力的家族居於族長的地位。氏族的首長稱「氏上」，氏中的構成分子曰「氏人」。氏上握有統治和裁判之權，對外代表該氏，出仕朝廷，參與朝政。至於地方上之弱小家族或農民團體則不稱氏。大和朝廷的中央政府實際上不能直接統治人民，必須透過各氏族來傳達政令，所以氏是政治構造的中堅。

大和朝廷最初以有力氏族首長掌理政務，成世襲職位，為確立他們的地位，便賜給一種榮譽的稱呼，是為「姓」。[9]至於地方官制方面，則設立「國」、「縣」作為行政單位，至於其首長，則是國置「國造」，縣置「縣主」，係中央就地方豪族選任，亦有自中央派遣者。

8　阿伊奴是與現代日本人不同的種族，居住在庫頁島、千島、北海道。有學者認為，阿伊奴族營造了日本早期的繩文文化。在倭王武給中國皇帝的上表中，曾將毛人或蝦夷人稱為阿伊奴人。

9　以氏族為基礎、以姓為身份標誌的王朝統治制度，稱為「氏姓制度」。大化改新時，被冠位制度所取代。

表 2-1　氏姓制度結構圖

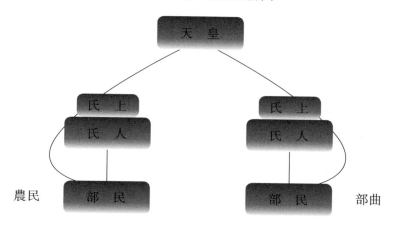

六、古墳文化

三世紀後半至八世紀初，築造了不少當時統治者的墳墓，稱為古墳，而稱以此為象徵的文化為古墳文化。可分三期：

前期，三世紀末至四世紀，約 100 年。墳墓有圓形、方形、方圓形。從外面入石室之通道採豎穴式，用木棺或黏土棺，副葬品有劍、玉、鏡。

中期，五世紀，以應神、仁德陵為中心。墳墓主要為方圓形，規模較大，多用石棺。副葬品尚有鐵器農具。

後期，五、六世紀至八世紀初。墳墓主要為圓形、方形，規模較小。外面到石室的通道採橫穴式，副葬品有不少土器及馬具。

墳丘的形狀可分為圓墳、方墳、前方後圓墳三大類：一、圓墳在古墳時代均有築造；二、方墳則主要在後期；三、前方後圓墳在

中期時營造了最壯大的，六世紀時大體消失。內部有石室放置棺木及副葬品（玉類、大刀、鏃），外面則有埴輪（土隅）放置（有人物、圓筒、動物）。[10]

關於大和朝廷的來源，戰後綜合研究的結果，有人主張此領導階層可能是從大陸東北部草原地帶來的一種騎馬民族，帶來青銅器、鐵器和長劍、勾玉、銅鏡，稱為「騎馬民族說」。此說亦可看作日韓同源論，早在 1921 年喜田貞吉（1871–1939）撰《日韓民族同源論》，東京大學名譽教授江上波夫（1906–2002）將之發展，是一種大膽的假設。其說認為中國東北夫餘地方的民族，抵達朝鮮半島南部，再渡海到日本。

七、倭之五王

421 年，大和朝廷開始與中國南朝宋恢復邦交。在以後半個多世紀中，贊（讚）、珍（彌）、濟、興、武五個倭王相繼發展與宋的關係，日本史上稱他們為「倭之五王」。

這是由於四世紀末至五世紀初，日本列島進入大和國家統一時代，並佔領朝鮮半島的任那（日本史上稱此為「任那日本府」），因而

10　埴輪是古墳頂部和墳丘四周排列的素陶器的總稱，可大致分為兩類。首先是圓形埴輪，中空，最初是供祭祀用的、特殊的器台形陶器，彌生時代後期出現在吉備地區，四世紀修造古墳時，擴展到畿內，在墳丘周圍排列一至三層，五世紀後也排列於濠溝外堤。另一類是形象埴輪，有屋形埴輪、器物埴輪、動物埴輪、人物埴輪，盛行於五世紀以後，六世紀時在關東地區特別盛行。九州地區很少有埴輪，從埴輪演變而來的石人、石馬則很發達。六世紀後半期至七世紀，再看不到埴輪，這現象成為古墳文化消亡的先兆。

期望得到中國朝廷允許日本掌握朝鮮半島的控制權。據《宋書》記載，421 年（永初二年）至 478 年（昇明二年）間，倭五王相繼遣使南朝，奉獻貢品，獲取封號。倭王武受封為「安東大將軍」。

據日本史家考證，倭王贊（讚）相當於應神或仁德、履中天皇，珍（彌）相當於反正或仁德天皇，濟即允恭天皇，興即安康天皇，武即雄略天皇。順帶一提，日本於 430 年建造最大的仁德天皇陵。倭五王在位期間，中國文化陸續傳入日本；養蠶技術，就是在五世紀時傳到日本的。後來豪族專權，致使王權衰落。

八、古代日本的中央貴族

在大和朝廷成立及發展期間，大伴氏率領多個部族侍奉王朝，與物部氏共同世襲「大連」，掌握軍事。527 年，勢力一度衰落。大伴氏失敗後，物部氏與蘇我氏並立，掌管朝廷，因佛教問題而與蘇我氏對立。

蘇我氏從五世紀後半時起逐漸得勢，六世紀時與皇室聯姻，打倒物部氏，專擅朝政。至七世紀上半勢力益張，成為大和朝廷後期最有力的豪族。645 年，中大兄皇子和中臣鎌足發動政變，蘇我氏被打倒，次年大化改新開始。大化改新確立以天皇為首的中央集權制，大和朝廷的時代遂告結束。

律令制度的興衰

一、律令國家的成立

日本史上所謂的「律令國家」，是指七世紀中葉（大化年間）以降，至十世紀前半（延喜年間）左右為止，以「律令・格式」作為國制的基本的一段時期。在古代史料中，說明何謂律令・格式之本質者，可舉《弘仁格式序》：「律以懲肅為宗，令以勸誡為本，格測量時而立制，式則補闕拾遺，以四者相須〔互相幫助〕，足以垂範。」換言之：一、「律」為懲肅之法，即刑罰之法；二、「令」為勸誡之法，即教化之法；三、「格」為應時勢之新制，要之，為律令修正、追加之法；四、「式」為律令格施行之際所立的細則。

如果從作為法的現實的形態來說，律令是某時期集合而加以制定和公佈的，格式則是其附屬法，是應時而單獨發佈的。律令並行，始自 702 年（大寶二年）施行的《大寶律令》。大寶律以永徽律（疏）為範本，大寶令以永徽令為範本。《大寶律令》現已散失，不過可從《令集解》中的「古記」（即《大寶律令》的註釋）約略推斷其內容。

表 2-2　律令的制定

名稱	卷數	編者	天皇	年代
近江令	22	藤原鎌足等人	天智	671 年施行
飛鳥淨御原令	22	（不明）	天武	689 年施行
大寶律 大寶令	6 11	刑部親王 藤原不比等	文武	701 年制定 702 年施行
養老律 養老令	10 10	藤原不比等人	元正	718 年制定 757 年施行

　　律令國家是以天皇為首的中央集權國家。首都的中央官廳分為神祇官和太政官，神祇官掌管祭祀神祇，太政官是行政最高機關，以下置八省，此外有彈正台、五衛府。各官廳之官人以官位相當制任命，給予各種的特權。地方上有國、郡、里制，國由中央派遣國司，即司、里長則由地方上的有力者任命。國家以籍帳（戶籍與計帳）管理、管轄人民，以基於公地制的班田收授法配給一定額的口分田，人民則要負擔租、庸、調及其他的稅。這是律令國家的大體情形，然而這樣的律令國家是怎樣成立的呢？這便要從律令官制說起。

表 2-3　四等官制表

官職	神祇官	太政官	省	職	寮	衛府	大宰府	國	郡
長官	伯	左／右 大臣、太政大臣	卿	大夫	頭	督	帥	守	大領
次官	大／少 副	大納言	大／少 輔	亮	助	佐	大／少 貳	介	少領
判官	大／少 祐	左／右 弁官、少納言	大／少 丞	大／少 進	大／少 允	大／少 尉	大／少 監	大／少 掾	主政
主典	大／少 史	左／右 史、左／右 外記	大／少 錄	大／少 屬	大／少 屬	大／少 志	大／少 典	大／少 目	主帳

　　扼要而言，律令制最高國家機關是太政官，其長官是太政大臣，定員一人，輔佐天皇，總理國政。但不是常設官職，歷史上實任者甚少。其後至江戶時代，由將軍充任。大納言是太政官的次官，太政大臣不在時得代行其職。初定為四人，後減為二人，增設中納言三人，下設少納言三人。大納言、中納言、少納言的人數常有增減，時代愈後則愈多人。

　　太政官的左、右弁官，分別統領八省：左弁官轄中務、式部、治部、民部四省，右弁官轄兵部、刑部、大藏、宮內四省。各置四

等官職，長官稱卿。八省機構及其制度，受唐影響頗深。太政官總攬行政，神祇官統轄祭祀活動，並稱「二官」。獨立於八省之外的警察機關，稱為彈正台，負責京城治安，主要職責是肅正風俗和彈劾違法官員。至於五衛府，是中央常備軍制，包括衛門府、左右衛士府、左右兵衛府：衛門府負責宮城諸門警備，衛士府負責宮中巡邏和警衛，兵衛府負責宮門警備、巡邏檢查以及天皇巡視時的警衛保護。

京職掌管京城民政的職務，京城以中央的朱雀大路為界，分為左京及右京，分設左京職和左京職。攝津國的難波，作為西國交通的港口，受到朝廷的重視，設攝津職執掌攝津國政務，是因外交需要而特別設立的。

大宰府是設在筑前國的九州地區統治機構，組織完整，職能全面，可視為地方性的太政官。掌管九國二島及防人司，作為日本與海外的接觸點，並負責接待外國使節。九州國防也是大宰府的重要職能。

五畿七道是古代律令制國家的地方行政區劃，大化革新時初定，以臨近首都的大和、山城、河內、攝津、和泉五國為畿內，稱為「五畿」；其他諸國分別劃定為東海、東山、北陸、山陰、山陽、南海、西海，合稱「七道」。

表 2-4　律令官制表

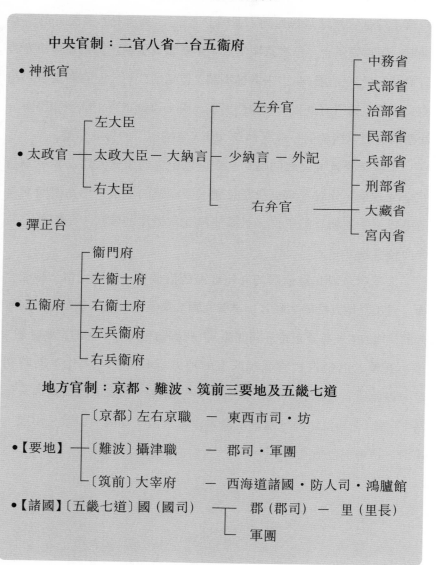

二、奈良時代的政治與文化

　　日本史上，從 710 年（和銅三年）起，以平城（今奈良）為京城，至 784 年（延曆三年）遷都長岡為止，稱為奈良朝，亦稱奈良時代，是律令制的全盛時期。在政治上，奈良時代前期以天皇為中心的統治集團繼續推行律令制；後期貴族跋扈，內爭紛起。

　　平城京大部分在今奈良市，都城建制仿中國唐代長安城，主要部分的平面呈長方形，南北長 5 公里，東西寬 4.5 公里。宮城在北部居中，朱雀大路由北而南，將全城分為兩半，東半稱為左京，西半稱為右京，有東市和西市。全城由縱橫交叉的大路劃分為許多坊，有的至今仍保留當時的建築或其遺跡。

　　奈良時代注意吸收中國文化，屢派遣唐使和留學生到中國，著名人物有道昭（629–700）、阿倍仲麻呂（698–770）、吉備真備（695–775）等。這個時代有繁榮的文化，尤以佛教建築、美術和文學方面的成就較大；因其全盛時代在天平年間（729–748 年），所以又稱「天平文化」。

古典文化的形成

一、平安時期的政治與文化

　　784 年從平城京遷都山背國長岡（即長岡京），794 年再遷都至

京都（稱為平安京）。平城京和平安京均效法中國長安的規模而建立，平安京比平城京大，直至 1868 年為止，一直是日本的首都。

平安時代在政治上接受傳統，是重建律令制度的時代。平安前期，嵯峨天皇（弘仁）、清和天皇（貞觀）、醍醐天皇（延喜）都有格式的宣佈，即「弘仁格式」、「貞觀格式」和「延喜格式」，合稱「三代格式」。朝廷出現了一系列「令外之官」，亦產生了地位很高的位置，如關白（天皇最高顧問，在天皇之先覽閱奏章，為天皇之輔佐官）、攝政（代天皇行政務之官）、征夷大將軍。

平安時代自中期以後，藤原氏以外戚關係開展貴族政治，當關白或攝政，引致中央及地方政府的腐敗，公事與私事不分。律令制度不能執行，班田制在 902 年以後不再實行。官制敗壞，「成功」（買官）風氣流行，可買國司以下的職位。「遙任」風氣亦嚴重。

地方豪族吞併人民的口分田，所得土地稱「名田」。土地所有者稱「名主」（地主）。其下養有一班武裝集團，日本的武士團由是產生。在中央不得志者，乃離開京都依靠名主，武士團遂有強弱之分。當時勢力最雄厚的武士團領袖有二，一為源氏，一為平氏。但對中央仍無影響力量。

二、國風文化的產生

平安時代的前期，反映出律令政治再建的風氣，而奈良時代延續下來的「唐風文化」仍甚盛行。不過，在唐式文化的陶冶中，逐漸產生了日本式的文化，於十世紀左右，隨着遣唐使的廢止而展

開，稱為「國風文化」。其實，國風文化是以貴族生活為中心，所以屬於一種貴族文化，而當時的貴族中又以藤原氏為代表，故亦稱為「藤原文化」。

文學是平安時代文化的最大成就，以假名文字的發達為基礎而興盛起來。奈良時代使用萬葉假名，平安時代起，運用漢字的偏旁造成片假名，再以漢字的草書體造成平假名。這使文學的表現更為容易，導致和歌、物語文學的隆盛。《古今和歌集》、紫式部《源氏物語》、日記文學和歷史小說，均以女性作者為多。十世紀末至十一世紀初，被稱為「日本女性文學時代」。

「和歌」是日本古來的短歌，即相對於漢詩而言的大和歌。奈良時代編成日本最古老的和歌集，稱為《萬葉集》，其後則以《古今和歌集》為代表。在平安時期，《古今和歌集》、《後撰和歌集》、《拾遺和歌集》這三部敕撰和歌集，合稱為「三代集」。至於「物語文學」，是平安時代隨着貴族社會的成熟和假名的發達而飛躍發展起來的散文文學，分為兩個系統，其一是始自《竹取物語》的、有強烈傳奇要素的作品，其二是如《伊勢物語》之類由和歌的詞書發展而來的「歌物語」，《宇津保物語》、《落窪物語》次第與現實生活有密切的關連，至《源氏物語》而達於顛峰。《源氏物語》成書於十一世紀初，描寫四代帝王70多年的盛衰史，是日本、亦是世界上最早的長篇小說，在文學史上有巨大的影響。

漢文學則與國文學相對，成為貴族教養而受重視的學問。貴族文化的範圍狹小，缺乏創意及邁放態度，形成一種內向文化。貴族

對於現世的榮華富貴感到沒有絕對把握，而將思想、感情轉寄來世，產生了「極樂往生」之說。985 年，源信著《往生要集》述淨土莊嚴、來生之極樂，「厭離穢土，欣求淨土」的意欲，為誦經建造美侖美奐的阿彌佛堂。其教義是專修唸佛以求來生，此外別無他途。平安末期，源空正式開創淨土宗，因其修行方法簡單易行，很快就為皇室、貴族、武士、庶民所接受。

第三章

中世日本

武家政權和封建制度的開展

1192 年鎌倉幕府成立，是武家政權（武士政治）的開始；自此直至 1574 年，即戰國時代結束之年，織田信長取得政權為止，是日本歷史的中世。根據政治形勢的變遷，中世日本可以分為以下三個時代：

　　第一、是鎌倉時代，即以鎌倉為全國政治中心的武家政權時代，始於 1185 年。鎌倉幕府的創立者是源賴朝（1147–1199），他在 1192 年任征夷大將軍之前，已於 1185 年獲得許可，派部下到各地當守護、地頭，實際上已經控制了全國；自此直至 1333 年，鎌倉幕府倒台，政權交還給天皇，共歷 149 年。

　　第二、是南北朝時代。1333 年建武中興之後，日本形成兩個皇統對峙的政治局面。足利尊氏（1305–1358）從九州起兵入京，立持明院統的光明天皇；大覺寺統的後醍醐天皇，南逃至吉野另立政權。前者稱為北朝，後者稱為南朝。至 1392 年，南朝倒台，南北兩政權合一，南北朝時代持續六十年至此結束。

　　第三、是室町時代。1392 年南北朝統一，足利尊氏建立室町幕府（又稱足利幕府），至 1574 年結束。室町時代末年，大名割據，室町幕府名存實亡，在日本史上亦稱為戰國時代。關於戰國時代的說法不一，通常是指十五世紀中期至十六世紀中期大約 100 年間。[1]

1　戰國時代是指日本自十五世紀中期至十六世紀中期大名割據的時代，一般的說法始自 1467 年（應仁元年）應仁之亂，至 1568 年（永祿十一年）織田信長奉足利義昭進京為止，為時大約一個世紀。也有學者以 1491 年（延德三年）北條早雲滅堀越公方作為開始，而結束之年，或謂在室町幕府滅亡的 1573 年（天正元年），或謂是在豐臣秀吉平定全國的 1590 年。

從文化角度着眼，中世日本是貴族的公家文化逐漸沒落、武家文化興起的時期，兩者的盛衰形成鮮明的對比，其間又可以細分為鎌倉文化和室町文化兩個主要時期：

一、鎌倉文化。這是鎌倉時代武家文化和公家文化的總稱，當時公家文化基本上佔優勢，而隨着武士階級興起的武家文化，則開始從公家文化吸收其養分。

二、室町文化。初期以第三代將軍足利義滿營造的北山山莊為代表，稱為「北山文化」，其特點是融合傳統的公家文化和新興的武家文化；中期以應仁之亂時避入東山山莊（慈照寺銀閣）的第八代將軍足利義政（1436－1490）時為極盛，稱為「東山文化」，融合公家文化、武家文化、入宋僧侶帶來的佛教文化和新興的庶民文化，而成為一種混合文化。

馬克思主義史學家把 1185 年至 1868 年間長達 600 多年的日本，列為封建制社會。日本的封建社會可以細分為四個階段，即：成立期（1185－1408）、發展期（1408－1582）、完成期（1582－1751）和解體期（1751－1868）。中世日本相當於封建制社會前半段，包括成立期和發展期；換言之，中世日本這四百年反映了封建制的成立和發展。

表 3-1　中世日本概況表解

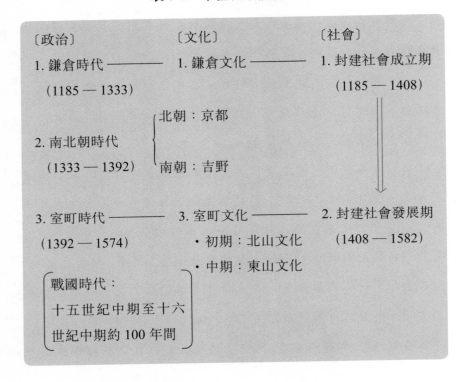

武家政權的成立

　　1192 年，後鳥羽天皇正式任命源賴朝（1147–1199）為征夷大將軍，鎌倉政權改稱幕府，成為當時日本的政治中心，史稱鎌倉幕府。這是日本武家政權正式成立之始，日本中世亦以此為開端。討論到武家政權的成立，要明瞭三件事：第一，是從攝關政治到院政的發展；第二，是平氏政權與源氏爭戰的始末；第三，是鎌倉幕府成立的經過。

一、從攝關政治到院政

攝關是攝政和關白的略稱。所謂攝關政治，是指十至十一世紀時，藤原氏以外戚地位獨佔攝政、關白之位，藉此左右國政的政治形態。攝政是奉敕命代替天皇行使國政的官；關白是在天皇之先覽閱奏狀，為天皇之輔佐官。藤原鎌足（614–669）的功績，確保了他的子孫繼續佔有高位。八世紀以來，「攝關家」並與皇室結下血緣關係。

1068年，與藤原氏沒有外戚關係的後三條天皇即位，任用對攝關家採批判態度的人士，推行改革政治。1072年，後三條天皇有病，讓位於太子，是為白河天皇。後三條天皇常憤於藤原氏之專權，讓位後仍以太上皇參決政務，輔佐幼帝，且欲立為永久之例。他在位四年即讓位，但以體弱多病，未遂其志。白河天皇為了繼承父親的做法，於1086年讓位，成為上皇，握政權，並在自己居住的宮殿內開設院廳以推行政務，歷經數代，凡40餘年，稱為「院中之政」，簡稱「院政」。

1086年，平安政權成立，天皇權力不大，掌於上皇手中，上皇提倡佛教，致佛教勢力增大，甚至干涉政治，並養有僧兵。白河上皇無力壓制僧兵[2]，乃聘用源、平二氏，指揮「北面武士」（御林軍），

2　僧兵即武裝僧侶，是由僧侶組成的宗教軍團。764年（天平寶字八年），近江的僧侶協助官軍鎮壓藤原仲麻呂（706–764）叛亂有功，受到賞識。平安時期，隨着律令制崩潰，寺院激增，僧侶質素下降，寺院為了保護自身利益，從莊園徵兵，藉以擴充僧兵的力量，致僧兵人數大增。興福寺、延曆寺、園城寺等，勢力最為強大，分投朝廷和幕府，參與鬥爭。

此為武士團勢力發展到中央的重要原因。

　　天皇父系親屬的政治形態轉為母系親屬，動搖了藤原氏的根本。院政的主要組成，大部為源氏。不過，上皇與天皇之間由此易生衝突。藤原氏利用皇室的分裂，企圖得利，訴諸武力，1156 年（保元元年）發生保元之亂。這場發生於京都的戰亂，成為結束平安政權的重要歷史事件。

　　保元之亂的結果，後白河天皇方面得勝，崇德上皇被流放。此亂事顯示了貴族之無力，武士實力抬頭，促成了他們在中央政界活躍，從而開創武家政治。而以武士為中心的平清盛（1118–1181）與源義朝（1123–1160），兩者又成對立陣營。結果又有 1159 年（平治元年）的平治之亂，源義朝舉兵佔領皇宮，但為平清盛的大軍所擊潰，源義朝敗走時被殺，其長子源賴朝則流放到伊豆。亂後，平清盛以武士初任公卿，為平氏政權之端緒。

二、平氏政權的興亡

　　以莊園為基礎逐漸擴大勢力的武士階級，形成了平氏、源氏的強大，經過 1156 年保元之亂及 1159 年平治之亂，平氏壓倒源氏，掌握了中央政權 20 餘年。平清盛任太政大臣，既攬中央政權，又在地方進行組織武士，掌天下之兵權。有些學者將平清盛作為日本第一個武家政權，不過他長住京都，漸染有貴族化的習氣，看作攝關政治的延長似較恰當。1179 年更幽禁後白河上皇，廢止院政；次年，又脅持高倉天皇讓位於太子言仁親王，是為安德天皇。平氏的權威，

至此達於極點。但不滿平氏囂張跋扈者甚多，皆欲早滅之，因而此後發生一連串的內亂。

源氏一族，在平治之亂中幾全部覆亡，僅源義朝之子源賴朝被捕，平清盛之繼母以其相貌酷似她的亡兒平家盛（1123-1149），遂宥免死，流於伊豆，並令伊東祐親、北條時政（1138-1215）監視之。源賴朝素有大志，初寄住伊東祐親家，私通其女，生一男，伊東祐親恐得罪平氏，乃殺嬰並令女另嫁。源賴朝投靠北條時政，又私通其女，但北條時政知賴朝有為，陽怒而陰厚待之。1180 年謀起事，兵敗。但歸附者日多，關東有獨立之勢。1181 年平清盛病死，源賴朝之從弟源義仲（1154-1184）入京都，其後，兵敗而死。源賴朝留鎌倉專心鞏固勢力，以此為基地，漸控制了日本東國。

源賴朝於 1184 年設立公文所（即其後之政所）掌管領地、年貢等有關文件，並司財政與庶政。又設問注所，掌管訴訟。1185 年消滅平氏勢力，主要功勞為源賴朝之異母弟源義經（1159-1189）。源義經以其戰功贏得後白河上皇信任，觸怒源賴朝，二人矛盾日深，源義經投奔奧州豪族藤原秀衡（1122-1187）。不久藤原秀衡病死，其子藤原泰衡（1155-1189）畏懼源賴朝，派兵迫源義經自殺。

三、鎌倉幕府的成立

鎌倉幕府有三個主要機構。第一是侍所，長官為「別當」，專司檢查之事。第二是公文所，後改為政所，長官亦稱「別當」，處理一般政務之機關。第三是問注所，長官為「執事」，管理武家之間的訴

訟及裁判。幕府遂成為日本政治中心。

　　武家政權成立後，社會亦發生改變，產生新的社會秩序。鎌倉殿指將軍，家臣稱御家人，至於以外的武士則稱為非御家人。將軍與御家人二者為主從關係，將軍有義務保障御家人之地位，有功者「恩賞」賜土地、名譽；御家人有義務輪流到京都守役三個月或六個月，稱為「大番役」，及參加勞役，戰時服軍役。將軍派御家人到地方上出任守護、地頭，也表示了主從的關係。由此可看作一個封建性的社會。其特色在土地關係與主從關係的結合，成為社會組織的中心。

　　至於守護，原則上一國一人，亦有一人兼二國以上者。任命有力的御家人出任，最初呼總追捕使、奉行人，後改稱守護，其職責為維持治安；地頭則為管理土地的職員。1185 年派御家人至平家一族的舊領、謀反人所領之鄉莊，任務為在守護之指揮下，徵收租稅，管理土地，以及維持治安等。

表 3-2　鎌倉幕府組織圖

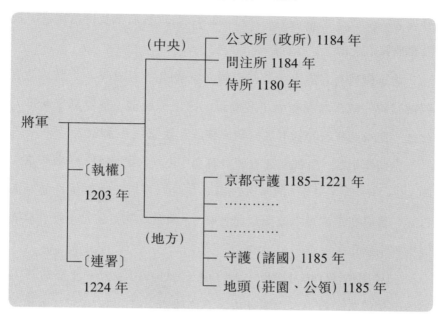

鎌倉時代的政治與文化

一、執權政治的確立

　　鎌倉幕府於 1192 年開幕，日本自此處於京都政權及鎌倉幕府的公武二元統治之下。公家一指朝廷，一指在朝廷服務的貴族；武家指幕府。幕府在京都設京都守護，以便向朝廷反映幕府的意向。

　　1199 年源賴朝病死，他的妻子北條政子（1157–1225）及岳丈北

條時政次第壓迫將軍家，並消滅有力御家人。北條時政任政所別當，發揮實力；其子北條義時（1163–1224）兼政所別當及侍所別當，成為幕府最高之職——執權。

將軍變得有名無實，北條氏確立執權政治。1219 年大將軍源實朝被暗殺，源氏一脈斷絕，迎源賴朝妹之孫就職，稱為攝家將軍。此後，實際上幕府的基本主從關係變成：執權——御家人。

當將軍絕流，京都朝廷方面以院為中心，計劃討幕，遂啟戰事，即 1221 年（承久三年）的承久之亂。結果以幕府一方壓倒性勝利而告終，幕府在京都置六波羅探題之職[3]，執權政治更強化，鎌倉政權促進其全國化。

三善康信（1140–1221）、大江廣元（1148–1225）、北條政子等幕府開創以來的有力者相繼死去，北條義時之後，1224 年任執權者為北條泰時（1183–1242），集權力，設連署，作為補佐執權的政務機關。1232 年更制定《御成敗式目》（又稱《貞永式目》），可說是最初的武家法，藉此強化其統治地位。這是以源賴源以來的慣例及武家社會的良識（即道理）為基本，對幕府行政、民事、刑事、訴訟各方面作了規定，後世的武家法頗受此影響。1336 年制定《建武式目》十七條，室町幕府法令集二百一十條總稱為《建武以來追加》。

3　六波羅探題是鎌倉幕府的官職，1185 年（文治元年），源賴朝為控制朝廷，派北條時政在京都的六波羅地方設南北兩府，代表源賴朝處理政務，承久之亂後權力擴大，有「小幕府」之稱。

二、幕府政治的動搖

至十三世紀後半，產業經濟的發達及北條獨裁的強化，致使幕府政治動搖。其間又發生外來威脅 —— 元軍於 1274 年、1281 年兩次襲擊日本。日本史上稱此為「元寇襲來」，第一次為「文永之役」，第二次則為「弘安之役」。結果元軍兩戰俱敗。[4]

對於一般御家人階層的貧乏，幕府為防止其解體，而有「永仁之德政令」，救其經濟沒落，但沒法如預期般產生效果，遂使幕府基層不固。

鎌倉時代之初，承接貴族傳統，貴族文化的勢力依然強盛，又漸漸造成反映武家性格和武家社會的感覺與傾向。鎌倉文化是公家（貴族）文化與武家文化的融合，外來方面，承受宋、元文化影響。佛教勢力極為隆盛，支配廣大社會，作為精神支柱，成為文化中心。

自平安朝中葉的國風文化確立以後，幻夢式的追求，流於女性化，貴族生活趨於至極。例如：男女關係紊亂，兄弟叔姪、繼母子之間產生問題；男子不娶妻至家，而入居妻家；女子與多男人交接，稱為「佳人的本領」；男子與多女子往來，謂之「風流荼樂」。

為拯救日本於道德之於破產，武士道遂應運而起。這是主從關係的進一步普及，其主要成分為程朱理學；漢式法制在日本失掉權勢，以民間風尚為基礎，與儒家思想混和，成為日本特有的一種法

4　元朝派兵攻擊日本北九州，結果兩次都因遇到風暴而失敗，史稱「蒙古來襲」，又叫文永・弘安之役。「神風」之名即由此而來。

則和規範。

三、鎌倉文化和武士道

鎌倉文化的特徵，是新舊兩者的二重性，換言之，乃貴族文化和武家文化的總和。佛教方面，勢力極為隆盛，可説是鎌倉文化的中心，一方面有鎌倉新佛教的成立，最盛的有禪宗、淨土宗、淨土真宗、日蓮宗等；另一方面，又有舊佛教的復興。

禪宗發達的原因，説法不一，重要有二：第一是基於武士的需要，坐禪實踐的所行方法，可以鍛煉武士的精神，故武士趨之，形成支持推進的主力；另外一個原因，是平安末期至鎌倉初年，舊貴族開始沒落，漸而產生一種隱遁思想，促進禪宗發達。因此，鎌倉初期，禪宗與文武顯貴關係甚密。後來，到北條時賴（1227-1263）時，更被確定為鎌倉武士的宗教。禪宗的教養，乃為完成武士人格的基本生活。另外日本禪宗的教義是以「護國家，利眾生」為旗幟，掌國政的權貴，對之亦表尊敬和歡迎。因此禪對日本文化及日本性格的形成，有無比偉大的作用。

武士道本是隨武士階級興起俱來的武士生活法則，到了鎌倉時代，開始取得社會的支配權，不但是武士奉為金科玉律的生活規範，且成為一般國民生活行動和社會風尚的準繩。武士亦稱「侍」，是侍奉主君的家臣；其規範最初只是一種為人臣子、僕人的奴道，所謂「食君之祿，擔君之憂」，引伸而為報恩主義。但當十三世紀時，武士成為統治中心，其境界亦隨之而提高與擴大，披上了儒家道德的

外衣，漸漸傾向於一種道德信仰。這是武士們主觀方面要創造一種代表王朝貴族的道德範疇，藉此支配社會的活動。

而在客觀方面，也有許多因素規範了武士道精神的內容。當時是一個戰亂的時代，割據的武人為發揮作戰效能，防止內部叛變，競相於精神方面施以道德教育，以加強其力量。由於這種積極的培養，武士道的精神遂日漸發展和確立起來。

最典型的信條，是武士對君主藩王的忠節。強調壯烈忠勇，就算是敵人亦予以讚揚；鄙視出賣或倒戈的行為，以防止部下發生叛變。其次則為氣質的培育，這是一種對沉溺酒色、淫蕩頹風的王朝貴族的反動，在當時代表了一種進步的傾向。

在武士的生活方面，擊劍、讀書、交友。武士的行為最特別的有兩種，其一為仇討，即復仇，被視為義行（正義感的表現）；極端的義行稱為「助太刀」，即專助他人復仇，而本身並無利害關係和動機（例如專打不平）。其二為「切腹」，是武士特有的一種自殺方式，謂以生命貫徹其所追求之意義。這種行徑在第二次世界大戰後已禁止。

表 3-3　武士道構成示意圖

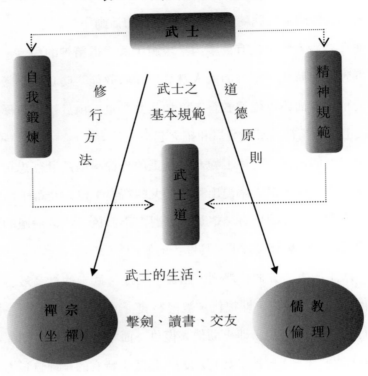

室町武家社會的開展

一、建武中興與南北朝時代

　　1333 年，後醍醐天皇在位時，勤皇派武士打倒北條氏，鎌倉幕府被取消，政權交還天皇，由天皇親政，史稱「建武中興」。但當時協助天皇的武士，並非真正為皇室效力，而是由於要保障本身的土

姬路城

地和取得更好的地位。此外，由於朝廷的政務能力太差，加上恩賞不公，引起了足利尊氏以下武士團的不滿，甚至公開反對朝廷，1335年此派武士作反，擁立光明院（光明天皇），後醍醐天皇逃離京都至吉野（奈良縣），否認京都的朝廷，開始了日本史上的南北朝時代（1334–1392）。南朝在吉野，亦稱吉野朝；北朝在京都，亦稱京都朝。

　　早在 1221 年發生承久之亂（流放後鳥羽上皇於隱岐）後，朝廷勢力顯著衰落，幕府甚至干涉皇位的繼承。後嵯峨天皇死後，皇統分裂為二，一是持明院統，一是大覺寺統，彼此相爭皇位。幕府計劃由兩統交替登上皇位，成立了兩統選立的方案。

　　日本歷史以南朝為正統，因天皇擁有傳國神器[5]。南北朝時代持續了 50 多年，其對立情形如下：一、 1336–1343 年，南朝軍的抵抗與兵力的後退。二、 1344–1364 年，足利氏內訌與國人層之「一揆」

5　日本國皇位的象徵是三種神器，即八咫鏡、草薙劍、八坂瓊曲玉。歷代天皇以此標榜正統。

（為反對壓迫而採取一致行動）。三、 1365–1392 年，足利義滿政權的確立與內亂的終結。1392 年南朝後龜山天皇答應足利義滿的要求，讓位予北朝的後小松天皇，南北朝遂告合一。南北朝合一，顯示了武家政權的確立。

二、室町幕府的成立經過

南北朝時代的初期，室町幕府亦宣告成立。 1338 年光明院任足利尊氏為征夷大將軍，在室町成立幕府，史稱室町幕府（亦稱足利幕府），武家政治復活，自認為鎌倉幕府的繼承者，且繼承其組織及法統。在《貞永式目》之外，1336 年加《建武式目》十七條， 1338 至 1520 年間所出室町幕府結令集二百一十條，總稱《建武以來追加》。室町幕府與此前的鎌倉幕府，在性格方面有以下的不同：第一，是幕府的所在地，鎌倉維持武家樸實、純真的特性，恐武家受貴族影響，變成文弱，故幕府設於鎌倉，離京都較遠。室町則與京都相近，武家很快便貴族化。第二，在將軍職權方面，鎌倉幕府每代將軍均以征夷大將軍之名號；室町幕府時，足利義滿兼太政大臣（等於總理大臣），且室町政權為各地守護地頭的結合，對將軍有絕對服從的觀念，而以個人的利害衡量，管理方面較差。第三，在鎌倉時代初期，派在各地的守護，原則上沒有行政權；末期則各地守護兼併莊園，地頭及豪族被吸收，成為部屬。南北朝時期此情況更普遍，引起「下剋上」的風氣。

室町幕府因此以致中央政權分散，政治力量薄弱。各地守護兼

足利義滿所建之金閣寺

有國司之權，控制所屬土地人民，這種新興勢力稱「守護大名」，其土地稱「守護領國」。職位可由後代承繼。守護大名大多以一國為單位，亦有管理數國者。如山名、細川、斯波、畠山、赤松、京極、一色等大名，而大內氏領 6 國，山名氏領 11 國，時全日本有 66 國，故山名氏稱「六分一家眾」。

三、室町幕府的組成機構

室町幕府的組成機構，是從足利氏的家政機關發展而成的，中央的最高責任者是「管領」，即足利氏的「執政」。三管領四職：三管領具體的指細川、畠山、斯波，是與足利氏有血緣關係的。侍所的長官為所司，有四家當此職：山名、一色、京極、赤松，稱為四職。

但此數家互相對立，而將軍之家亦發生內爭，引起應仁之亂（1467–1477）。京畿近邊的諸大名分成東西二軍，在京都相戰十一

年。戰火蔓延至各地，成為全國性的大亂，幕府權威完全失掉，可以
控制的地方只有山城國。全國大部分莊園為守護大名或豪族所兼併，
過去的寺社，養有大量僧兵，經過這次亂後也開始衰落。在京都的公
家生活更加窮困，難以維持，故分散至各地，依靠守護大名生活。

表 3-4　應仁之亂的對立關係

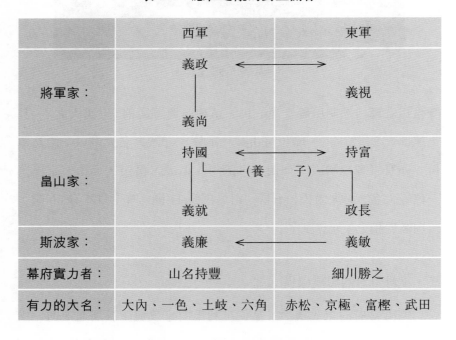

	西軍	東軍
將軍家：	義政 ⟷ │ 義尚	義視
畠山家：	持國 ⟷ │（養　　子） 義就	持富 政長
斯波家：	義廉 ⟵	義敏
幕府實力者：	山名持豐	細川勝之
有力的大名：	大內、一色、土岐、六角	赤松、京極、富樫、武田

　　應仁之亂以後約 100 年間，成為戰國時代。守護大名為戰國大
名所代替，強而有力的控制人民，成為完全獨立的小國家，弱肉強
食之風至為普遍，且不顧及道義，當時約有 70 個國家。

　　戰國大名以絕對權力控制管地內的人民，採富國強兵政策，以

應付其他勢力，在管地內以「主君 —— 家臣」關係維持。所有家臣的
繼承必須得領主認可，不承認婦女繼承權，而結婚、養子亦需領主認
同或安排。領主對家臣有「生殺予奪」之權，家臣之間的糾紛採取「喧
嘩兩成敗」原則（兩家一同處罰），家臣於其主從之間、宗族之間、
村落之間，犯罪有連帶責任關係。人民失其自由，造成封建社會。

表 3-5　室町幕府組織圖

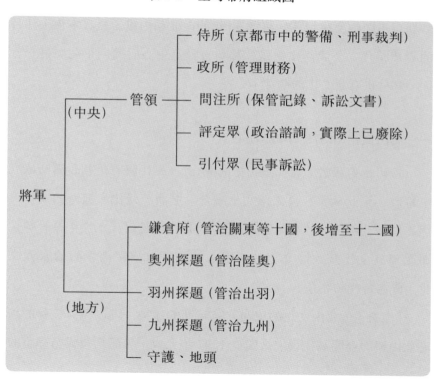

室町文化與經濟生活

　　室町文化的組成主要來自三方面：第一，在具有古代貴族文化傳統的京都，成立了武家政權，使公武兩家的文化融合為一。第二，接受宋、元、明三代的大陸文化的影響，具體表現於禪宗和水墨畫的發達等。第三，以鄉村制及商工業的發展為背景，而有庶民文化的形成。

　　不過，從南北朝時代到戰國時代，反映出時代的推移，在不同時期有不同的文化特色。將近 60 年的南北朝內亂，是日本史上注目的變革時代，公武兩文化以京都和吉野為中心而綻開花朵；另一方面，鄉村也有新文化的萌芽。

一、北山文化（1378–1450 左右）

　　室町幕府設於京都（公武文化中心），三代將軍足利義滿時確立了幕政，至此武家、公家兩文化融合，進而一元化。這時的文化，因義滿建北山殿，故名「北山文化」。其特色是以武士文化為骨幹，而受貴族文化及大陸文化的影響，特別是以禪宗為中心的宋元文化，成為時代的特色。

　　「豪奢」是北山文化的風尚。這時期的建築，可以義滿經營的別莊北山殿的金閣為代表。金閣於 1397 年完成，義滿死後成為禪宗的

鹿苑寺。其構造是初層為是寢殿造[6]，中層為武家造[7]，上層為唐樣的折衷，顯示了公武兩文化的融合及大陸文化的影響。

二、東山文化（1450-1550）

八代將軍足利義政（1436-1490）時，隨着公武一元化的進展和禪宗等的影響，由豪奢轉為幽玄、枯淡之志趣，毋寧是追求逃避的靜寂的世界。

義政建東山殿，故名東山文化。代表建築是東山殿的銀閣、東求堂，東求堂的同仁齋採取「書院造」的新樣式[8]，並且成為今日的和風住宅樣式。銀閣和龍安寺的庭園表現了大自然，與當時的水墨畫都是禪宗精神的具體化。

表 3-6　北山文化與東山文化代表性建築的比較

北山山莊	金閣………寢殿造＋禪宗樣
東山山莊	銀閣………書院造＋禪宗樣 東求堂……書院造（當中的「同仁齋」是茶室的起源）

6　寢殿造是平安後期貴族任宅的建築式樣，因位於整體建築物中央的正房而稱為寢殿，故名。其結構受中國影響，以左右對稱為基準，東西屋相對，以回廊相連。寢殿前有水池、假山、飛鳥，環境優美雅緻。

7　武家造是武士住宅樣式，在鎌倉時代興起，室町時代發達，與貴族邸宅寢殿造不同，孤立的各棟住宅不以長廊連接，整體形成城廓，並加強防禦設施，在宅地四周以深溝或土牆、板牆圍起來，築有垛門和箭樓。主殿在宅院中央，臥室配以會客廳、讀書室、辦公室等。木板房檐，光板床，很少鋪草墊，樸素實用。

8　書院造是室町時代形成的武家住宅建築式樣，以平安時期貴族住宅的寢殿式樣為基礎，將武家式樣和寺院中的書院式樣融合起來，房間佈局自由，作為主室的書院中，設置壁龕、珍寶櫥和副書院。室內鋪草席，鑲天花板。

　　一種稱為「町眾文化」的新庶民文化至此明確形成，其影響且逐漸擴大。「町」是指城市中的街道和社區。町眾是都市工商業者，他們結成自治性共同體，成為城市民眾的代表階層。室町時代的町眾，主要是指京都的工商業者。

　　東山文化可說統合了當時廣泛而多元的文化要素，高度洗練而成的，是中世後期的代表文化。通過為政者而傳播於全國，並對後世有大的影響。若探討現時日本人的生活樣式，所謂「和風」的傳統的文化要素，大多溯源於此。日本傳統表演藝術形式之一的「能」(明治維新以後稱為能樂) 和「狂言」(滑稽喜劇) 發展起來，茶道 (茶之湯)、花道 (生花) ── 尤其是「立花」(瓶內插花) 均有進一步的發展。

　　經濟生活的進展，見於庶民生活向上。具體情況，可從產業發達、商業活動、貨幣經濟、都市勃興等方面反映出來：

　　在產業發達方面，首先，是農業生產力的上升。這表現於早稻、中稻、晚稻的栽培普及，牛馬、犁的使用，以及輪作、間作的普及。「二毛作」一般化，更開始有「三毛作」。除蔬菜類之外，且有麻、苧、漆、桑等所作手工業原料的植物的栽培，茶的栽培亦在山城之宇治、大和等地盛行。室町末期，三河 (愛知縣) 更有木綿的種植。總之，由於栽培品種的增加與改良，灌溉用水的開發與水車的利用，在戰國大名的保護和農民的協同下，農業生產力增大，特別以室町後期為甚。小經營逐漸取代了大家族經營而有所進步。

　　其次，是手工業者的獨立自營化。當時的手工業，因國內需求的增加及對外貿易的發展而漸盛。手工業者也從社寺、貴族、莊園

領主等的隸屬退脫出來，成為專門職人，漸漸獨立自營。鑄造業、織造業、製紙業、釀造業、製油業、製陶業等，在這時均有所發展。

此外，漁業也從沿岸漁業發展到海洋漁業，製鹽業在瀨戶內海沿岸各地發達；礦業因技術的進步，以及因戰國大名的開發而大盛。

至於在商業與貨幣方面，農業、手工業的發達，使農產品、工業製品增加，促成了作為交易場所的「市」的發展，因為市的定期開設是必須的。三齋市是一定的，一月六次的「六齋市」之類的定期市亦一般化。來回於市場與市場之間的「行商人」，是在此時盛行的。而且，常設的店舖增加，每日開設的「常設市場」也有。在大都市裏，更有供應特定商品的「專門市場」（魚市、米市、鹽市、紙市等等）。間屋（商人宿）、交通業出現。

商業發展亦見於貨幣經濟的促進。中國（明朝）輸入的「明錢」（永樂通寶、洪武通寶、宣德通寶等）在日本通行。後來由於輸入錢減少，國內產的粗劣私鑄錢出現。

在都市勃興方面，由於上述情形，以及戰國大名的富國強兵政策，除京都、鎌倉、奈良等都市外，各地有宗教都市、政治都市、商業都市的出現，其中計有：

一、門前町、寺內町：這是由於淨土真宗的發展，在寺院內建家屋而形成町。伊勢神宮前的宇治町和山田町、興福寺前的奈良町都是有名的門前町，而越前的吉崎、攝津的石山，則是代表性的寺內町。

二、港町：海外貿易的發展和國內產業的發達，海陸交通要地有所謂港町，如兵庫、博多。

　三、城下町：各領國的政治經濟要地。戰國大名為了有效統制家臣團，故採取迅速的軍事行動，把家臣團和提供物資的商人招集到城廓外，集中居住。六角氏的石寺、朝倉氏的一乘谷、武田氏的甲府、島津氏的鹿兒島等，都是有名的城下町。

　四、市場町：各市場集落的發展，但不一定形成都市。

　五、宿場町：「港灣宿」之機能、規範不大，而全國存在。例如，二日市、三日市、四日市 ── 十日市等地名留存至今。

金澤城公園

第四章

近世日本

幕藩體制和町人文化的興起

從 1574 年織田信長推翻室町幕府開始，至 1868 年明治天皇即位、武家政權結束為止，這將近 300 年間，是日本歷史的近世。從政治變遷來說，近世日本包括短暫的安土桃山時代和長逾 250 年的江戶時代。織田信長居於安土，他在 1574 年取得政權；豐臣秀吉居於桃山，他在 1588 年去世。歷史上把這二人當權的時代命名為安土桃山時代，或簡稱為織豐時代。豐臣秀吉死後，德川家康繼他統治日本，建立江戶幕府（又稱德川幕府），直至 1868 年為止。

　　從文化的角度來說，安土桃山文化適逢日本中世結束、近世開始，所以是擺脫古老文化和風俗習慣，從而創造洋溢清新空氣的一個新文化時代。江戶時代的代表文化有二：其一是「元祿文化」，即元祿時代（1688–1703）前後產生的文化，町人階級興起，形成廣泛創造城市文化的基礎；即隨着都市生活的繁榮，町人文化有更顯著的發展。其二是「化政文化」，即文化（1804–1818）、文政（1818–1829）年間（簡稱化政）的庶民文化。值得特別注意的是在繪畫方面，綿繪發達，美人畫、役者繪、風景畫均有名作出現，寫生畫、文人畫亦盛，洋畫亦在這時登場。

　　近世日本亦相當於馬克思主義史學家所說的封建制社會後期，反映了封建制從完成到解體的過程。

統一政權的樹立

一、織田信長與豐臣秀吉

　　大約有 100 年之久的戰國爭亂時代，在十六世紀後半因織田信長、豐臣秀吉的統一政權之樹立而告結束。織豐政權雖然短促，但克服了由大名領國的分權封建制，建立了全國性的中央集權制。而在這個時期，基督教、鐵砲等新知識、新兵器因葡萄牙人等來航而輸入日本，以都市為中心的商業資本顯著發達，海外貿易亦盛。

　　統一氣運在戰國大名的抗爭過程中已漸形成。有力的戰國大名企圖早日入京都，借朝廷、將軍的權威統一天下。織田信長本是尾張（即名古屋附近）的大名，1568 年擁前將軍之弟足利義昭（1537–1597）入京都，廢去原有的將軍足利義榮（1538–1568），立足利義昭為將軍，掌握實權，並漸次征服畿內諸領主。1573 年，織田信長打敗足利義昭，廢將軍職，室町幕府至此乃告消滅。不過織田信長的時代很短暫，1582 年在京都本能寺被一個對他不滿的部下（明智光秀，1528–1582）襲擊和殺死。

　　織田信長的另一個部下豐臣秀吉正出兵征討中國地方的毛利氏，獲知事變，即與毛利氏講和，返京都擊破明智光秀，聲威大增。在決定織田信長繼任人的會議上，信長之孫織田秀信（1580–1605）是名義上的後繼者，實權則為豐臣秀吉所握，成為事實的繼承人。1583 年築大阪城。他用了八年時間，在織田信長的基礎上，完成了

大阪城

統一全國的大業。

　　其間，豐臣秀吉任關白、太政大臣，賜姓豐臣。他本是出身農民百姓，後來成為武士養子，名羽柴秀吉。1587 年，豐臣秀吉在京都營建比皇宮更奢華的宮殿「聚樂第」。次年，迎後陽成天皇蒞臨此第，並召集諸大名作陪，親贈 7,000 多石的土地作「料地」（食邑），並要諸大名立誓效忠於他。可見他已是實際上直接統治日本的人。1598 年豐臣秀吉死，粗安之局又生動搖，擁有最大勢力的德川家康（1543–1616）為征夷大將軍，建立江戶幕府。

二、安土桃山時代

　　織田信長曾於其根據地近江的安土築城，豐臣秀吉在桃山築

城，日本歷史上把兩人掌權的十六世紀末年，稱為安土桃山時代。為時雖然短暫，但在日本封建制度的演變過程中扮演極重要的角色，使長達百餘年的戰亂，至此露出統一的曙光。安土桃山時代脫前代、中世之殼，開近世之門，扼要而言，有以下的特點：一、新興大名、都市豪商出現。豪壯、華麗，然而亦予人有庶民之感覺。二、以人類為中心的現世主義傾向頗強。三、反映出向海外發展之氣運，開始呈現一種世界性。

安土桃山時代的文化亦有可觀：一、建築方面，有安土城、大阪城、聚樂第、伏見城等城廓建築，並有大規模的書院建造。二、繪畫方面，有裝飾建築物的「障壁畫」(包括屏風畫)，其風格是結合平安時代以來的「大和繪」和室町時代的「漢畫」。代表性畫家有狩野永德 (1543–1590)、狩野山樂 (1559–1635) 等人。三、藝能方面，有「能樂」的普及、千利休 (1522–1591) 所倡的茶道等。能樂匯集了田樂 (田間歌舞)、猿樂 (以搞笑模仿和伴奏舞蹈為表演特點的音樂劇) 等民間藝術，主角、配角帶着「假面」(面具) 在舞台上表演和演唱；茶道又稱「茶湯」，是一種講求禮儀方式的飲茶文化，室町末期出現了茶室和茶庭，相聚飲茶的禮儀及規範也隨之而成熟。四、這時期受到南蠻文化的影響，並有基督教的傳入。當時日本人稱西方人為「南蠻人」，其初指葡萄牙人和西班牙人，因為他們從南方到日本，主要指歐洲南部國家的人，以別於後來的「紅毛人」。葡萄牙人、西班牙人在江戶幕府實行鎖國政策之前，在九州與日本從事了大約 100 年的貿易，日本史上稱為「南蠻貿易」；傳教士和商人帶去

金澤武家之道

的歐洲文化，包括天文、曆法、醫學、文藝、火槍、航海、造船、採礦等知識和技術，稱為「南蠻文化」。

幕藩體制的確立和興隆

一、江戶幕府的成立及其基礎

　　豐臣秀吉死後，政權由德川家康繼承，1603 年任為征夷大將軍，設幕府於江戶城，是為江戶幕府（德川幕府）。有三方面是值得留意的：第一，江戶幕府的統制政策與身份制度；第二，江戶初期的對外關係與鎖國；第三，幕政之興隆。

1603 年，德川家康任為征夷大將軍，撤出江戶城，開設幕府。其初，至三代將軍德川家光為止，在約 50 年間裏，確立了幕藩體制的基礎。這個統治體制，是以將軍為頂點的金字塔型組織。將軍之下，設有大老、老中、若年寄等職。江戶幕府的兩大基礎，其一是武力，其二是經濟。

在武力基礎方面，幕府在戰時可以動員大名，即從將軍取得 10,000 石以上封地並支配其地的人，全國約有 270 個；平時則掌有直轄兵力，即 10,000 石以下的「直參」。直參分為兩類：一是容許直接謁見將軍的「旗本」，另一是無此資格的「御家人」。旗本具有數百石以至 10,000 石的「知行地」，御家人則無知行地，而支給祿米等，俸祿亦在數百石以下。二者都負有軍事、警察及行政的義務，定居於江戶，交替當值。旗本和御家人的數目，在享保年間（1716–1735），旗本有 5,204 人，御家人有 17,309 人，加上他們的「陪臣」（間接家臣）共有 600、700 人之多。江戶時代有「旗本八萬騎」之稱，並非誇大，其數大抵不變。這與大名每 10,000 石有 200 人的武力相比，是非常龐大的。

至於在經濟基礎方面，幕府據有約 700 萬石的直轄地（天領），約為全國（3,000 萬石）的四分之一，散佈於全日本 68 國之中的 47 個國。700 萬石之中，約有 300 萬石為旗本的知行地，狹義的天領達 400 萬石之多。大概都是肥田、良田，年貢亦低。而且，幕府又直接支配了佐渡、石見、伊豆等重要礦山；大名領的礦山，其產額的一部分要上納。幕府又獨佔了貨幣鑄造權，1601 年開始統一鑄造

貨幣。而且，幕府除了在京都、大阪、長崎等政治上的要地之外，又直接支配主要的產業、港灣都市。元祿期以後，通過「株仲間」統制支配全國的經濟，向町人徵收臨時賦課稅（御用金）和通常的賦課稅（運上金）。

表 4-1　幕末時全國石高比例

天領：幕府領	419,000 石
旗本、御家人	385,000 石
大名領	2,250 萬石
社寺朱印地	29,000 石
皇室領	40,000 石

註：石高是指米穀收成的數量，古時亦作為俸祿。

二、江戶幕府的統治機構

江戶幕府的統治機構，至三代將軍德川家光之際而具規模。大體是把德川家康的家政機關擴大，加強將軍的獨裁權力，行政權、司法權全都集合於將軍之下。又為了避免權力集中於一部分的職位上，而加強監察機關。

在江戶幕府的中央結構方面，將軍之下有臨時置設的「大老」，是最高的官職，只限於重要時期才設置。常置的最高執行機關是「老中」，統轄政務，定員五至六名，月番交替制辦理政務，特別重要政務在「評定所」合議，其下有所謂「三奉行」，即：寺社奉行、勘定奉行、江戶町奉行。輔佐老中的有：一、「若年寄」，定員三至五

名，每月輪更一次，任務是管制老中以外的諸役人（職員），特別是旗本。二、「大目付」和「目付」，都是監察機關，大目付（四至五名）監察隸屬老中的大名，目付則監察隸屬若年寄的旗本。

表 4-2　江戶幕府組織圖

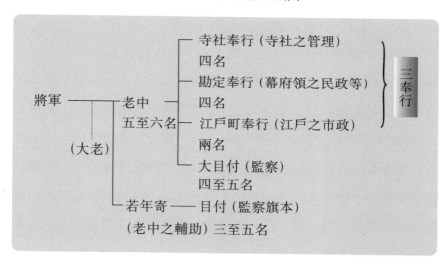

第一，寺社奉行，四名，管理社寺、神官、僧侶，及社寺領，處理關東八州以外的天領內的訴訟。

第二，勘定奉行，四名，監督天領及幕府財政，及處理關東八州的訴訟，由旗本擔當。

第三，江戶町奉行，掌管江戶的市政、治安、裁判，分為南北（兩名），採月番制。

第四，側用人，將軍的近侍，任務為傳達將軍之命令於老中。是掌握樞機的重要職位，雖非常置機構，但也出了左右政治的人。

第五，京都所司代，京都、朝廷與西國大名之監視。

第六，城代，大阪、駿府、二條城之守護。

第七，遠國奉行，長崎、山田、日光、佐渡、奈良等重要地之統治。

第八，町奉行，京都、大阪、駿府等之民政。

第九，郡代、代官，徵收年貢。

至於在地方上諸大名的統制方面，地方由各藩的大名分轄統治，重要地域則為幕府之直轄地。江戶時代，大名支配的領域及其支配機構稱為「藩」。諸大名乃是幕府之屏藩。最初在公稱上使用，是 1868 年明治政府對舊大名領稱「藩」。幕府統制之主眼，一是地方政治中心的大名，一是負擔貢租的農民。大名受到的統制很嚴厲，從將軍得到 10,000 石以上封地的大名約 270 個，據其與德川氏的親疏關係，可區分為三類：第一是親藩，是德川氏一門之大名，幕末時有 23 家，最主要的是御三家（尾張、紀伊、水戶）[1]，配置於要地（關東為中心）。第二是譜代，是德川氏之家臣，亦配置於要地（關東為中心）。江戶末期，譜代大名約有 150 家。第三是外樣，是指那些在關原之戰臣服於德川氏的大名。他們被配置到邊地，既得不到幕府要職，且為幕府所戒備。[2]

---

1 御三家是與德川將軍家同族的大名，尾張在名古屋，紀伊在和歌山，水戶在常陸。在親藩大名之中居於特殊地位，受幕府優待，有保持將軍家血統、提供將軍後繼人和輔佐將軍的作用。

2 江戶末年的倒幕運動，便是由西南的島津、毛利等外樣大名發起的。

　　上述三類大名交錯配置，以相互牽制。親藩、譜代住於以關東
為中心的地方，外樣則多派到邊區。又限制其相互間的通婚，避免
其力量結合。此外，還採取懷柔策（結婚政策，賜姓）、財政削減策、
法制之勵行與嚴懲主義。至於農民方面的統制，則有鄉村制之確立，
鄉村內有自治機構，鄰近五戶為一「五人組」，置組長，有連帶責任，
防止延遲交年貢，及告發犯罪。此外，對於已失去權威的朝廷與社
寺亦加統制，陽尊崇，陰抑壓。

　　在世襲的身份制度方面，幕府為完成集權的封建體制，採取綿
密的統制政策。士農工商的身份制度為幕藩體制之根幹，而武士階
級作為統治者，與其他的階級明確區分。農民為貢租的負擔者，受
統治。幕府特用意於大名及農民之統治。武士具絕對權力，亦被要
求作為庶民的模範。注重修養，勉勵武藝與學問。身份與百姓判然
區別，有「苗字帶刀，切捨御免」等特權。苗字即冠姓，帶刀指攜帶
長短兩把武士刀；「切捨御免」，意思是「先斬後論」。農民是年貢榨
取對象，所受的束縛最為嚴格。工、商又稱「町人」，在日常生活和
服飾方面也受身份束縛；但江戶中期以後，商人經濟力量增強，諸
藩財政出現困難，武士需仰賴商人，大名也有以允許商人「苗字帶
刀」換取商政支持的。

表 4-3　江戶時代的身份制度

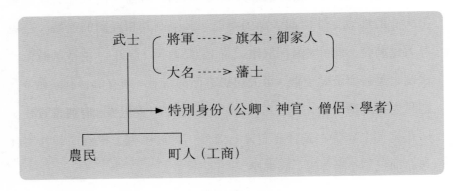

產業發達與町人文化的形成

一、江戶時代的經濟和城市

　　隨着幕藩體制的安定，幕府和諸藩都將民政的重點放在「勸農政策」，因為年貢的增徵，和農民生活的安定，都可以使當時的狀況繼續安定下去。新土地的開發和農業技術的進步，使農業生產也大增。此外，各種產業如牧畜業、林業、水產業、礦業、工業等，亦以農業的發展為基礎，而有顯著的改觀，全面令經濟發達起來。接着是促進了水陸交通、商業的發達。都市的發展更形顯著。具體例子有以下幾個；第一，城下町，是大名的居城，不單是政治、軍事的中心，經濟、文化、交通也很繁榮。以江戶為首，名古屋、仙台、福岡、廣島等人口 100,000 以上的城市，有 50 個左右。第二是港町，

主要是因商品流通而繁榮起來。大阪、下關（馬關）、長崎、博多是其中的顯例。第三是三都：一、江戶，即「將軍之膝下」，是政治中心，又是日本最大商業都市。十八世紀人口達 100 萬，是當時世界最大都市。二、大阪，即「天下之台所」（日文「台所」即廚房之意），是商品流通的中心。三、京都，即「千年之古都」（自古以來為日本的首都）。

產業、商業、交通以及都市的發達，也造成貨幣經濟的興旺。商人之中，出現了囤積巨額財富者。換言之，町人勢力抬頭，他們掌握幕府和大名的財政，促進了町人的武士化，形成了所謂的「町人文化」。

二、江戶時代前期的文化

日本的近世是注重現實的時代，其文化與宗教的「彼岸」的傾向相對，可以說是屬於「此岸」的。江戶時代前期的文化，可以分為「武斷時期」及其修正的時期。

在武斷時期，為強化幕藩體制而採取的文教政策中，朱子學成為官學，也使這種學問道學化、形式化，而文化上的主要擔當者是武士階級。其後，文治政策開始推行，獎勵學問，其傾向漸及於庶民。隨着社會、經濟的演變，町人（商人）登上文化舞台，成為新的文化的承擔者。儒學之中，對於道學化了的朱子學予以反抗，因而陽明學、古學抬頭。日本文化史上，把江戶時代前半以元祿年間（1688–1704）為中心的町人文化稱為「元祿文化」。

　　町人文藝出現和盛行，風俗畫「浮世繪」的普及，加上幕藩財政貧乏，漸而產生了實學的傾向。由於農村疲弊，諸藩獎勵，儒學之中，經濟的要求被強化，而有農學、本草學、和算、醫學之萌芽。這類型的學問總稱為「實學」，為「洋學」的勃興作好了準備。

　　德川家康、秀忠、家光三代，為了確立和強化幕藩體制，採取武斷政治；但當國家的體制漸次完成，可以持續和平的時候，這種武斷政治的弊害也相次出現。因此，由四代將軍德川家綱（1641–1680）開始，加上了「文治政治」，主要是基於朱子學政治思想的文教政策。

　　當德川家宣、德川家繼接着擔任將軍時，繼承並開展了前代的文治政治，以儒學者新井白石（1657–1725）為中心，因年號正德（1711–1716），故稱「正德之治」。

　　地方上，諸藩也相繼推進這種文化政策。如水戶藩主德川光圀（德川光國，1628–1701）起用明遺臣朱舜水（1600–1683），着手編修《大日本史》；又招聘國內的朱子學者，從事於藩士的教育，建立了水戶學的基礎。

　　水戶學就是十七世紀後半在水戶藩興起的學派及其學風，主要以修史宏揚其精神，網羅了日本儒學各派學者，其中多屬朱子學派。大致可分為兩期：第一期以二代藩主德川光圀為中心，以闡揚大義名分之理為主，產生了栗山潛鋒（1671–1706）的《保健大記》、三宅觀瀾（1674–1718）的《中興鑑言》等；第二期以九代藩主德川齊昭（1800–1860）為中心，倡經國致用之學，主張尊王攘夷，代表著作有藤田幽谷（1774–1826）的《正名論》、藤田東湖（1806–1855）的《弘

道館記述義》、會澤正志齋（1781-1863）的《新論》等。特別要指出的一點，就是水戶學的尊王攘夷思想對幕末的下級武士階層，產生了極其深刻的影響，並成為明治維新思想的主要淵源。

西方衝擊與封建社會的沒落

一、西方勢力對日本的衝擊

近代西方勢力東來，東亞國家之中首當其衝的是中國。中國在鴉片戰爭中失敗，使日本幕府大驚並尋求對策。在此形勢下，招聘洋式兵學家高島秋帆（1798-1866），於 1841 年在東京試洋式炮術。朝廷亦於 1846 年及 1850 年下諭幕府進行海防。

1844 年，荷蘭國王曾派特使致書幕府，勸日本放棄向來獨佔式的貿易，致力從世界貿易之中取得利益，又以世界大勢遊說日本開國。但幕府以守祖宗之法為由，加以拒絕，仍然採取鎖國方針。

十九世紀中，美國出入於太平洋海岸，甚至企圖支配太平洋。當時美國已逐漸發展對華貿易和遠洋捕鯨漁業，擬以日本為中繼站。1853 年遠東艦隊司令培理（Matthew Calbraith Perry, 1794-1858）帶着美國總統的國書，率領四艘軍艦進入浦賀港，要求建交和通商。一個月後，俄使普加金亦率四艘軍艦至長崎，要求勘定北邊國境，及開始通商。1854 年，培理再率七艘艦隻入浦賀，在江戶灣內進行

測量，以示威武。

二、水戶學者的攘夷思想

幕末的水戶藩儒者會澤正志齋（1782-1863）於 1825 年撰寫《新論》一書，形成了攘夷理論。此書初以抄本流傳，1830 年秘密出版。他宣佈以攘夷來對抗西歐的決心，指出世上有人看到接近日本的外國船隻，說是蠻夷、商舶、漁船，並非深禍大患；這是錯誤的，他強調一定要把這一切當作有關「國家」的問題來看待，因而提出五論：一、國體，即神聖、忠孝、尚武與尊重民命；二、形勢，即四海萬國之大勢；三、虜情，即戎狄窺伺日本之實情；四、守禦，即論富國強兵之要務；五、長計，即化民成俗之遠圖。其思想脈絡是從攘夷至開國，再至尊王。

三、華夷思想

鎖國的精神支柱是華夷思想。其實，華夷思想本是中國儒家的傳統觀念，所謂「夷不亂華」，「中國有禮儀之大故稱夏，有服章之美謂之華」。日本本無資格自詡為文物盛大的世界中心，但因一直受中國文明的影響，德川幕府更把儒家的朱子學作為官方哲學，華夷思想也就成為日本對外關係的指導觀念。日本自稱「神州」、「皇國」，除崇拜中國外，概視異國為「夷狄」、「戎狄」，認為戎狄是不知「人倫」的國度，日本不僅為禮儀之邦，而且國富地廣，無須與他國往來，對西方文明深拒固絕。以一種外來思想作為排斥外來文明的根

據，實在可笑。不過，華夷思想是以自給自足為特點的閉鎖性經濟所造成的思想，可以越過時空，在日本生根和發展。

在十八世紀前期，先進的日本知識人士透過鎖國的厚重帷幕，利用縫隙吸收西方傳來的新風——蘭學[3]。西方社會的新形字以及蘭學者對西方社會的初步認識，還使一些蘭學者對封建制度某些根本原理提出異議，萌發了改革社會的要求。這對華夷思想和鎖國制度也是一種衝擊。

傳統日本學者的危機感日漸加深，儒學支派之一的水戶學者，把這種危機視為道德危機，擔心隨着外國人的到來，「邪教」傳入日本會「滅裂人道」。他們不承認西方各國技術與社會制度的先進，完全無視日本已落後於西方的現實。所以認為最大的威脅來自耶穌教，西方「彼其所恃以逞伎倆者，獨一耶穌教而已」。

消弭外患，要靠道德的批判去解決，即「明夏夷之邪正」，主要「務在明國體」。日本的國體是「萬世一系」的天皇制，就嚴守「大義名分」的純潔性而言，日本勝過屢有「易姓革命」的中國，是世界上獨一無二的。明、清亦遜色，只有日本才是最優秀的國度、世界的中心。

3　蘭學是江戶時代通過荷蘭、或以荷蘭語為媒介而傳到日本的學問，主要是科學技術。在此之前通過葡萄牙輸入的西洋文化，稱為「南蠻學」。將軍德川吉宗為了實行振興「實學」的政策，解除荷蘭書籍輸入的禁令，醫學、天文學、曆法學首先發展起來，其後解剖學、物理學、地理學、化學、博物學等亦被介紹到日本。幕府設立蕃書和解御用掛，從事荷蘭書籍的翻譯工作。逮 1730 年代，幕府限制蘭學，只許輸入技術。日本開國後，蘭學為洋學所代替。

德川齊昭以副將軍自任。御三家：尾張、紀伊、水戶，祖先是第一代將軍德川家康的兒子，有輔佐將軍之義務，在將軍無後嗣時可繼任將軍。主張「遠夷狄」，盲目排外的攘夷論。「攘夷」、「尊王」結合和成為應付內外危機，擁護重建幕僚體制的綱領，稱為「尊王攘夷」。中國在鴉片戰爭中失敗，加速了日本開國的步伐。

幕末的朱子學者、蘭學者、兵學家佐久間象山 (1811–1864) 認識歐美技術上的先進地位，批判華夷思想。「無國力與伎倆，故無鎖國之手段」，終至不可鎖國。主張開國論，藉此可「集萬國之所長」。他在 1854 年提出「東洋道德，西洋藝術」的名言。「東洋道德」不僅指倫理道德，也指政治 (以儒家思想為指導的封建政治)；「西洋藝術」相當於技術，是指器技。佐久間象山的言論，給日本人學西方科學技術拓寬了道路，並使洋學解放。

第五章

「記紀」和「物語」

從史書到文學名著

古代日本的名著以文學作品和歷史著作為主，在日本文化史以至世界文化史上佔有重要的席位。所謂古代，一般是指從日本文學產生時起，至十二世紀末（1192 年）鎌倉幕府成立，即日本進入封建社會為止。奈良時代（710–794）初期成書的《古事記》和《日本書紀》，是日本流傳至今最早的兩部史書，並稱「記紀」；奈良時代後期問世的《萬葉集》，收錄的詩歌範圍很廣，連同現存最早的漢詩集《懷風藻》，並稱奈良時代兩大文學作品。

奈良時代以前的日本沒有文字，中國文字和文化對促進日本的發展有巨大貢獻。直至平安時代（794–1185）初期，日本發明了假名字母，本身文化始趨於發達。十世紀初開始，散文在日本貴族社會中盛行起來，出現了許多物語、日記、隨筆等形式的文學作品；上流社會的婦女，在散文發展方面擁有舉足輕重的地位。十世紀末至十一世紀初的日本，被稱為女性文學時代，湧現了清少納言（966–1025）、紫式部（978–1016）等著名作家，有《枕草子》、《源氏物語》等傑出文學作品。以下介紹古代日本著名的作家和作品，藉此說明古代日本文化概況。

日本最早的兩種史書

一、《古事記》

　　《古事記》是日本現存最古的官修史書和文學作品，成書於奈良時代初期。據此書的序言所説，天武天皇對流傳在諸家之中的帝紀（又稱《皇帝日繼》，即皇室系譜）和本辭（又稱先代舊辭，即古老故事）的內容「既違正實，多加虛偽」感到擔憂，想要重新加以考證，去偽存真以流傳後世，遂命近臣稗田阿禮誦讀帝紀和本辭。但天武天皇在世時，並沒有完成考證和撰錄工作；到了奈良時代，天明天皇繼承其遺業，命太安萬侶（？－723）撰錄稗田阿禮誦讀過的部分，於 712 年（和銅五年）撰錄而成《古事記》。

　　此書分為三卷：上卷從開天闢地講起，主要由神話傳說構成；中卷由神武天皇寫到應神天皇，主要記述英雄故事和歷史人物；下卷從仁德天皇寫到推古天皇，主要記述天皇系譜和有關的歷史事件。序和正文的散文部分用漢文撰寫，詩歌則借用漢字作日語標音。《古事記》是日本最古老的史書，亦是日本最早的文學作品。

二、《日本書紀》

　　《日本書紀》亦成書於奈良時代初期，是略後於《古事記》的一種史書。由天武天皇的第三皇太子舍人親王（676–735）率紀清人、三宅藤麻呂等多人編寫。720 年（養老四年）編撰完畢，共三十卷，

另有一卷附圖，現已失傳。此書用漢文寫成，內容從天地生成、神的出現講起，一直寫到持統天皇十一年。從神武天皇以後，主要模仿中國正史本紀體記述了歷代天皇的事跡，具有濃厚的神話色彩；只有欽明天皇以後的記述，有一定的史實價值。強調皇室的尊嚴和皇室統治的正當性，可見有明顯的政治意圖。

從漢詩到和歌集

一、日本最古的漢詩集《懷風藻》

公元四至五世紀左右，中國的漢字和漢文傳入日本後，日本文學開始從「口承文學時代」進入「記載文學時代」。到了天智天皇在位時，宮廷中的貴族開始熱衷於吟誦漢詩文，日本歷史上現存最古的漢詩集《懷風藻》遂應運而生。此書於 751 年問世，編者不詳，可以肯定的是，作者為上流社會修養較高的文人。

《懷風藻》按年代先後順序，收錄了從天智天皇時代至奈良時代計共 64 個詩人的漢詩。作品大部分為五言詩，基本上都是宴會和遊覽時的應和之作，具代表性的詩人有文武天皇、淡海三船（722–785）等。

二、和歌及其各種體裁

　　和歌是日本文學中最典型的詩歌形式之一，按體裁可分為長歌、短歌等；而按內容，則可分為雜歌、挽歌、相聞歌等。和歌最初是多人共詠的歌謠，後來漸漸突出了個人的感情色彩；日本最古的和歌集《萬葉集》所收的柿本人麻呂（660–710）、山部赤人（?–736）、大伴家持（718–785）等人的作品，便有明顯的個性。平安時代至鎌倉時代（1185–1333）是和歌的黃金時期，出現了許多敕撰和歌集，著名的有平安時代由紀貫之（872–?）撰寫的《古今和歌集》。四季景物、愛情是和歌中最常見的主題，也有以死亡、吉慶、旅行、宗教、緬懷等內容為主題的。以下是和歌的幾種體裁：

　　第一，長歌。五音和七音的兩句詩三次或更多次重複，最後加一個七音句。《萬葉集》中收錄了許多長歌。《古今和歌集》以後，長歌這種詩體逐漸衰退。

　　第二，短歌。每首五句，以五、七、五、七、七音形式排列。短歌都是以第一人稱寫作。大致在七世紀前後確立，並一直流傳至今。《萬葉集》中收錄了許多早期短歌。內容以生活為主題，所體現的是實際生活中的感情和感覺，語言洗練，這些都是短歌歷久不衰的原因。

　　（3）旋頭歌。每首六句，以五、七、七、五、七、七音形式排列。現時所見，收入《記紀歌謠》的有四首，收入《萬葉集》的有 12 首，收入《古今和歌集》的有四首。旋頭歌內容以反映世俗風情為主，多富於感情。據説旋頭歌源於古歌謠片歌，平安朝以後便凋落了。

三、《萬葉集》

《萬葉集》是日本現存最古的和歌集，成書於奈良時代後期，即八世紀後半，共有二十卷。編者未詳，但據說奈良時代著名歌人大伴旅人（665–731）參加了編撰工作。此書收錄了五世紀至八世紀中葉的和歌 4,500 餘首，排列按照雜歌、相聞、挽歌的分類法，體裁包括長歌、短歌、旋頭歌、佛足石歌等形式。用萬葉假名（即用漢字做表音符號）寫成。作者既有天皇和貴族，也有平民百姓。一般認為，此書並非一次編成，而是經過數次補訂而成今貌的。《萬葉集》內的和歌，可以分為以下四個時期：

第一期是 313 年至壬申之亂（672）為止，多樸素之歌，代表歌人是額田王。

第二期至遷都平城京（710）為止，出了柿本人麻呂等，達於全盛時期。

第三期至 733 年為止，有山部赤人、山上憶良（660–733）、大伴旅人等。

第四期至 759 年為止，有大伴家持、大伴坂上郎女，歌風轉為纖細優麗。

四、《古今和歌集》

《古今和歌集》是日本歷史上第一部敕撰和歌集，平安時代醍醐天皇於 905 年敕命編撰。編者有四人，他們是紀貫之、凡河內躬恆（859–925）、壬生忠岑、紀友則（850–904）。收錄和歌 1,100 首，分

為二十卷，除了幾首長歌和旋頭歌外，其餘全部是短歌。有春、夏、秋、冬等嚴格的分類，這種分類成為其後和歌分類的基準。集內的和歌大致可分為三個時期：第一，是作者不詳時期。這時期的作品剛勁質樸。第二，是六歌仙時期。「歌仙」是日本古代對優秀歌人的尊稱，六歌仙是平安時代歌人在原業平（825–880）、小野小町（825–900）、僧正偏昭（816–890）、文屋康秀、大友黑主、喜撰法師，作品優美細膩，重技巧。第三，是撰者明確時期，作品形成了完全不同於《萬葉集》歌風的新風格。

繼《古今和歌集》之後，有《千載和歌集》。這是平安時代末期敕撰的和歌集，奉後白河法皇之命於 1187 年編成。編撰者藤原俊成（1114–1204），共收錄了平安時代中期以後的和歌 1,287 首，主要歌人，有源俊賴（1057–1129）、藤原俊成（1114–1204）、藤原基俊（1060–1142）、崇德院（1119–1164）、俊惠（1113–？）、和泉式部、藤原清輔（1104–1177）等。集內附有假名序。這部詩歌集囊括了以往和歌的各種風格，並且又以藤原俊成所追求的「幽玄」歌境為中心，所謂「幽玄」，是指含而不露的餘韻和餘情。這種歌風成了新古今調的基礎。

《古今和歌集》、《後選和歌集》和《拾遺和歌集》，在日本文學史上通稱「三代集」；連同《後拾遺和歌集》、《金葉和歌集》、《詞花和歌集》、《千載和歌集》及《新古今和歌集》，合稱為「八代集」。其餘的

和歌集稱為「十三代集」。[1]

從早期小說到《源氏物語》

一、物語文學

　　物語是日本古典文學的一種體裁，即平安時代至室町時代創作的各類小說的總稱。它是在日本口頭文學基礎上，受中國傳奇小說影響而發展起來的，初時分為傳奇物語、歌物語等，後來又有戰記物語、歷史物語等。

　　日本現存最早用假名寫成的物語是《竹取物語》，此書曾稱為《竹取翁》、《赫彌姬物語》等。作者不詳，成書時期大致有兩說，一說是在平安時代延喜（901–922 年）之前，一說是在延喜之後；可以認為，現存本是經過後人加工的。內容是寫很久以前有一個伐竹的老翁，在竹心之中發現了一個不足三寸的小女孩，她在幾個月內便長成一個豔麗無比、光彩照人的姑娘，取名赫彌姬。老翁自己又從竹子中得到黃金而致富。貴族們垂涎赫彌姬的美貌，紛紛向她求婚，

1　十三代集是指《新敕撰和歌集》、《續後撰和歌集》、《續古今和歌集》、《續拾遺和歌集》、《新後撰和歌集》、《玉葉和歌集》、《續千載和歌集》、《續後拾遺和歌集》、《風雅和歌集》、《新千載和歌集》、《新拾遺和歌集》、《新後拾遺和歌集》、《新續古今和歌集》。連同「八代集」，從平安初期到室町時期共有 21 集，所以又稱為「二十一代集」。

赫彌姬給他們出了種種難題，使他們個個美夢落空。天皇召她進宮，同樣遭到拒絕。赫彌姬原是月宮仙女，最後在八月十五明月當空的時候飛回月宮。這故事是在古老傳統的基礎上，充分發揮了豐富想像力而創作出來的，具有濃厚的傳奇色彩。儘管文字描寫比較粗糙，而仍不失為優美動人和富人情味的文學作品。同屬傳奇系列的，還有《宇津保物語》和《落窪物語》。[2]

　　日本第一部歌物語是《伊勢物語》，又名《在五中將日記》、《在五物語》等。成書時間約與《竹取物語》相同，作者不詳，據說是基於在原業平（825-880）的和歌集及日記寫成的。此書收錄了大約125個短篇，每個短篇都以「從前，有一個人」開頭，以和歌與散文相結合的形式，寫出了風流好色、多愁善感的在原業平的一生。文章簡潔，許多和歌及散文寫得頗有感情，在日本文學史上有重要價值，對後來的日本文學作品影響很大。同屬於《伊勢物語》這一系列的，有《大和物語》及《平家物語》。

二、紫式部的《源氏物語》

　　日本最早的長篇物語是《源氏物語》，成書於十一世紀初；作者紫式部，是平安時代中期的女小說家、歌人，生卒年份不詳，出身於中層貴族家庭。其父藤原為時（?-1029），擅長漢詩與和歌，她自

2　《宇津保物語》成書年代在《竹取物語》和《源氏物語》之間，描寫的是現實社會；《落窪物語》成書在《源氏物語》之前，是早期日本戀愛文學的代表作。此二書對《源氏物語》的創作，都有一定影響。

少跟從父親學習漢文，並通音律，且精佛典。996 年，她隨官拜越前守的父親前往任地，次年回到京城；999 年嫁給藤原宣孝，婚後二年（1001 年）丈夫去世，她撫養女兒賢子，過着寡居生活。但她不甘庸碌地度過一生，而是洞悉時勢，對當時攝政的矛盾和社會的停滯有深刻認識，寫成了《源氏物語》的第一部分。1006 年前後，她進宮當了一條天皇中宮彰子的女官，為彰子講解《日本書紀》和白居易的《白氏文集》，其才學頗受一條天皇賞識。她在宮中做女官時，寫成《源氏物語》的後半部分。《紫式部日記》是她當女官時的見聞感想錄，《紫式部集》則反映了她獨到的文學見解。「紫」是從其代表作《源氏物語》女主人公紫姬而來，「式部」來自其兄擔任式部丞的官名。

《源氏物語》分為三部，共 54 卷，描寫了四代帝王 70 多年的盛衰史和紛爭，人物多達 400 餘人，通過書中人物各種戀愛方式的描寫，表現了平安時代貴族階層的戀愛觀和人生百態，以及朝臣、外戚爭權奪利的情況，揭露了現實與理想之間的重重矛盾，並充分流露了日本文學淡然幽深的審美情趣。書中三部的內容大致如下：第一部寫主人公皇子光源與後入宮的藤壺女御私通，同紫上及其他一些女性的愛情糾葛，後來被流放到須磨，又被召回京城、平步青雲的過程。第二部寫光源氏之妾三宮與頭中將的兒子柏木私通，愛妻紫上之死，光源氏的豪華生活開始衰敗的情形。第三部則以宇治為舞台，在宗教的氣氛當中，描寫了柏木和三宮之子薰君於愛情生活中的苦惱。

　　總的來說，書中既富於浪漫主義情調，也有一定現實主義傾向。作者還在書中表達了她對小說創作的見解，認為小說應該說明人生真諦，描寫人物的心理。應當指出，《源氏物語》是平安時代在婦女日記文學等影響下出現的物語文學發展到最高峰的里程碑，體現了日本的民族風格，形成優美的文學傳統，對其後的物語作家及歌人產生了很大影響。作為日本史上、也是世界文學史上第一部長篇小說，《源氏物語》與清少納言的《枕草子》被視為平安時代婦女文學兩枝最豔麗的花朵。在傳奇物語的現存作品中，長篇物語還有《濱松中納言物語》、《夜半醒來》、《狹衣物語》等作品。

隨筆、日記文學及其他

一、清少納言的隨筆《枕草子》

　　清少納言是平安時代中期的女隨筆文學家、歌人，生卒年份不詳。她才思敏捷，有很高的漢詩修養。在當時以宮廷為中心的著名才子文人之中，備受推崇。性格外向開朗，好勝心比較強。982 年與桔則光結婚，後離婚。993 年前後，任一條天皇中宮定子的女官，受到重用。她還著有和歌集《後拾遺集》、《清少納言集》。

　　清少納言的《枕草子》是日本最早的隨筆集，成書於十世紀末至十一世紀初（996 年前後）。與其後的《徒然草》一樣，是日本隨筆文

學的代表作。《枕草子》由 300 餘段構成,大致分為三個部分,即「類集章段」、「日記(回想)章段」和「隨想章段」。內容有關於景物、人物、建築、娛樂、裝束及四季情趣的描寫,有對「美好事物」的頌揚和對「醜惡現象」的鞭撻,也有對自然及人生而抒發的感慨等。作者觀察敏銳,描寫生動,文筆簡潔,反映了當時宮廷貴族的審美意識。與同時代的《源氏物語》相比,《枕草子》的創作特色在於作者以敏銳的感受和洞察力,以及不耽於感傷的態度,藉着個性鮮明和具印象性的描寫,表現了高雅、簡潔而流暢的寫作風格。

二、日記文學

日本最早用假名寫成的日記文學作品是《土佐日記》,成書於十世紀前半期。作者是紀貫之。內容主要寫作者任土佐國守期滿後,於 934 年 12 月從土佐出發,在次年 2 月回到京城舊居的旅途見聞。日記描述了海岸風光、港口景色、旅途艱辛等。作者的文章素以華麗著稱,而《土佐日記》卻語言樸實,文體簡潔,內容雖然比較平淡,但作為第一次完全用假名並且以日常語言寫出日記形式的散文,則具有劃時代的意義,為後來的物語、日記等散文文學的發展奠定了基礎。

日本最早的婦女日記文學作品,是平安時代中期(大約在 974 年之後的十世紀末)的《蜻蛉日記》。作者是藤原道綱之母,以美貌和詩才聞名於世。日記分為三卷,是作者回憶自己度過 21 年虛幻歲月的忠實記錄。女主人公抱着美好的幻想嫁給權貴之子藤原兼家,

但後來丈夫對她日益疏遠薄情，她在萬分痛苦之中消磨歲月，不得不把希望寄托在兒子藤原道綱的身上。日記中的心理描寫部分，受到後世學者的高度稱譽。

此外，還有成書於 1007 年前後的《和泉式部日記》、成書於 1010 年前後的《紫式部日記》，以及成書於 1016 年的《更級日記》等。[3]

三、其他類型的著作

古代日本除了《古事記》和《日本書紀》兩部史書之外，還有一部由元明天皇敕撰的地志書《風土記》，成書於 713 年，主要記載大和朝廷下屬各小國的物產、地理以及該地區的由來等事項。由於是各國自撰和獻上的，作者已無可考，目前保留下來的，只有出雲、常陸、播磨、肥前、豐後五個小國的地方志。

《懷風藻》的編成，說明了作為外來文化的漢文化在古代日本盛行的情況；值得一提的，還有日本最早的歌論《歌經標式》。這是一部歌學專集，成書於 772 年。作者藤原濱成模仿中國詩歌批評理論中「七傷八病」的學說，總結出和歌創作中常見的七大弊病及三種歌體，並參照實例，加以剖析和批評。在「唐風文化」鼎盛的狀況下，又催生了《凌雲新集》、《文華秀麗集》和《經國集》的面世。

3　《更級日記》的作者是菅原孝標之女，屬回憶性自傳，記述了自 13 歲起的 40 年生活，包括宮廷生活、婚後及與丈夫死別等，流露出對非現實世界的嚮往和追求極樂淨土的心情。

　　日本古代後期，貴族階層逐漸失去權勢，對衰敗開始感歎，並緬懷往昔的榮華。而在文學創作方面，物語文學創作也陷入題材的單一性和重複性這雙重困境之中，於是嘗試選取歷史題材來創作物語，遂催生了與「創作物語」和「歌物語」截然不同的「歷史物語」。

　　第一部歷史物語是《榮華物語》，亦作《榮花物語》，所載內容是院政時代的歷史，重點歌頌藤原道長的榮華。一般認為，作者是赤染衞門、出羽人弁等。書凡四十卷，採用編年形式，記錄了宇多天皇至堀河天皇約 200 年間的宮廷生活，並對後世日本撰寫歷史產生了影響。稍後又有傑出的《大鏡》；十二世紀後期，出現了另一部作品《今鏡》。在日本文學史上，《大鏡》、《今鏡》和中世的《水鏡》、《增鏡》合稱「四鏡」，有的學者把這種文學題材稱作「鏡物」，「鏡」含有「以史為鑒」之意，所以「鏡物」亦即故事形式的歷史書。

　　另外還有《大日本史》。水戶藩主德川光圀下令編修該書，從 1657 年開始，至 1906 年完成，前後將近 250 年。凡 397 卷，採紀傳體，根據朱子學派的大義名分論作為此書的中心史觀，敍述神武天皇至後小松天皇的歷史。書中沒有將神功皇后列入皇位，而將大友皇子奉為弘文天皇，且以南朝為正統，開水戶學之先聲。應予指出，該書對德川幕府末期的尊王論甚有影響。

第六章

醫學文化

歷代發展與中日醫藥交流

古代日本的醫學

據考古學研究得知，日本在公元前一世紀已有醫療活動。神話人物大己貴命（又名大穴牟遲神）和少彥名命，被尊奉為醫藥鼻祖，他們一面管理國家，一面為人們治病。這個時代認為疾病是神靈所為，因此當時主要是用祈禱咒禁法來消災除病，同時也有一些藥物療法，包括內服和外敷，以及溫泉療法。

自公元五世紀到十九世紀明治維新以前，日本大量吸收中國文化和醫學。其初是通過朝鮮，公元五世紀以後，則中日兩國直接往來，隋唐醫學大量傳播到日本。562 年，中國吳人智聰赴日，帶去許多醫書，其子善醫藥，日皇賜名和藥使主（意即日本醫藥權威）。隋大業四年（608 年）日本留學生惠日、福因來華學醫。701 年，日本制定醫事制度（醫疾令），完全模仿唐制。754 年，鑒真大師赴日，也傳播了醫藥。據藤原佐世所編《日本國見在書目錄》（891 年）載，當時日本中央政府收藏的中國醫書達 166 部 1,309 卷之多（流傳於社會上的還有很多）。唐朝末期，兩國交通中斷，日本醫家對中國隋唐醫書進行了大規模的整理和編纂，於是，984 年出現了隋唐醫書 204 部之多，以及日本現存最古醫書《醫心方》。[1]

1　《醫心方》三十卷，是丹波康賴撰於 984 年（永觀二年）的綜合性醫書，內容選輯中國唐代及以前多種醫籍的理論和臨床各科資料，註明原文出處，所附編者按語亦很精彩。書中保存了不少現已散佚的醫籍資料，又載有各種藥味的日漢名稱，及其產地、計量方法、藥的配伍等，很有參考價值。近代以來，此書在中國醫學界亦甚受重視。

　　這時，日本醫學除在內容方面大量吸收中國醫學外，許多著名的醫學家也是從中國去的中國人和來華留學的日本留學生。例如，和藥使主、鑒真大師以及《醫心方》的編者丹波康賴（912–995），都是中國人或中國人留居日本的後代。

　　在《醫心方》之前，還有過大規模收輯日本傳統醫藥的著作：一是安部真直等編《大同類聚方》（100 卷）[2]；另一是菅原岑嗣等編《金蘭方》（50 卷）。但是，由於漢醫的盛行而湮沒無聞，今已失傳。

　　980 年，宋朝與日本重新恢復了交通，這時已是宋太宗時代。先是宋朝的醫師和商人赴日行醫賣藥，據載 1014 年，宋人惠清曾於日本鎮西地方行醫。後有日本僧人榮西赴宋留學。在這前後，日本發生了一次社會變革，武士掌政，建立了幕府。原來是宮廷醫師所壟斷、為貴族服務的醫學，這時已轉到僧侶手中，隨着宗教的發展，醫學也有了某種程度的普及，並出現了用日本文字書寫的醫書——梶原性全的《頓醫抄》（1303 年）。此書從單純抄襲中國醫書的舊例中解脫出來，再增添了自己的經驗。以後又出現了為平民診療的民間醫師。但是，這時的醫學主要還是掌握在僧侶手中，著名的僧侶良觀房忍性（1217–1303）在鎌倉造極樂寺，20 年間收治了 57,000多病人。由於僧侶是以宗教事業為主，所以，當時日本醫學的發展是很緩慢的。

2　《大同類聚方》是平城天皇在位時，出雲廣貞和安倍（備）真貞於 808 年（大同三年）奉敕撰修，以中國的《黃帝內經》、《脈經》、《針灸甲乙經》、《小品方》、《新修本草》等為藍本，記載民間藥草，徵集各地醫方，以防自古流傳的醫藥經驗散失。

金元時代，中日兩國醫家雖仍有往來，但因戰亂關係為數極少。當時，日本進入室町時代以後，戰爭頻繁，遂出現了專門的金創醫（戰傷外科）。此外，安芸守定從事婦科的婦科專診，馬島的清眼僧都開創了馬島流眼科，丹波兼康以口齒科為專科。日本醫學的分科始於此時。日本印刷出版醫書也出現於這時期，最早的是 1528 年阿佐井野宗瑞翻刻明代醫家熊宗立（1409–1482）的《醫書大全》。

近世日本的醫學

明代時中日兩國恢復邦交，來往頻繁。到中國留學的日本醫師中有竹田昌慶（1338–1380）、月湖等多人。最著名的是田代三喜（1465–1537），他赴明學醫達 12 年之久，成為日本李朱學派的開山祖。這時，日本政府採用以儒家為本的政策，因此，醫學的主流也從僧侶手中轉到儒家醫師手中，排斥了醫家中的宗教因素，並受金元醫學的影響，主張不拘泥於古法，強調隨機應變，於是日本醫學開始有了獨立的發展。著名的醫家曲直瀨道三（1507–1594）是田代三喜的門生，大力提倡李朱醫學，被譽為醫學中興之祖。由於不拘泥於古法，人們稱他們為後世派。這一派中，後來還出現了運氣論派，也稱作劉張學派。

隨着儒學的興盛，尊古思想抬頭，遂有人對漢代醫學——特別是《傷寒論》進行了鑽研，積累了有關的臨床經驗。但是，他們與後

世派對立，排斥唐宋金元醫學，因此，被稱為古方派。日本把中國傳去的醫學稱為「漢方」、「漢方醫學」（簡稱漢醫），就是受了古方派的影響。古方派的特點是反對運氣論的迂遠，而重視實際治療。

古方派後來也分為兩派。一派是以吉益東洞（1702–1773）為代表，雖重視臨床治療，但忽視基礎醫學，因片面主張「以毒攻毒」，好用劇烈藥物，受到世人的責難。另一派是以山脇東洋（1705–1762）為代表，當時荷蘭醫學已經傳到日本，日本醫家接觸到了西洋外科和解剖學，山脇一派對古典解剖學產生了懷疑，進行實際觀察和解剖屍體。至於西洋醫學派的醫家們，也相繼進行了屍體解剖。他們的早期著述，屬於前者的有山脇東洋（1706–1762）的《藏志》，屬於後者的有河口信任（1736–1811）的《解屍編》。

杉田玄白（1733–1817）、前野良澤（1723–1803）等人翻譯出版《解體新書》（1774 年）在日本文化史和醫學史上是一個劃時代的創舉。此書以德國人庫盧穆斯（Kulumus, J. A.）的解剖學著作 *Anatomische Tabellen* 的荷蘭文譯本為藍本，並參考了其他一些西歐著作。《解體新書》出版後，日本旋即掀起了荷蘭熱，促進了蘭學的興起和發展。除解剖書之外，還翻譯了外科、內科、眼科等書。1823 年，德國人馮・西博爾德（von Siebold, P. F., 1796–1866）作為荷蘭商館醫師來到日本，1857 年又有米爾德沃特（van Meerdervoort, J. L. C., 1829–1908）到日本。他們教授日本學生多人，對日本醫學界產生了巨大影響，促進了西洋醫學在日本的進一步發展。

在這以前，漢醫界中出現了欲融合古方與後世兩派長處的另一

派，被稱為折衷派。折衷派以後也產生了兩種趨向。一派是更進一步試圖把漢方醫學和荷蘭醫學融合為一的漢蘭折衷派。這一派以華岡青洲（1760–1835）為代表，在外科和眼科方面作出了不少成績。因此，當 1849 年幕府禁止醫官使用西洋醫術時，外科和眼科得以作為例外，不在禁限之內；另一派是以博採漢方的所有學說，不偏於一家，以期達於完全的一派，也叫作考證學派。他們在整理文獻方面做了不少工作，但在臨床上除繼承前人的成就外，很少有獨創性的發展。不過當時考證派（以多紀氏一家為首）在政府中佔有地位，與新興的西洋醫學派形成了對峙，除學術上的爭論外，更進行了激烈的政治鬥爭。多紀氏一家主持醫學館，掌有醫學教育、提請任免醫官以及審批醫書出版等衛生行政大權。他們利用手中的權力壓制了西洋醫學派。林洞海（1813–1895）於 1850 年請求准予出版他譯的《藥性論》，即遭到醫學館的刁難，未獲核准。

近代日本醫學的進展

在東京的 82 位西洋派醫家於 1857 年合資創辦神田御玉池種痘所，成為與以多紀氏為首的漢醫界抗衡的中心。1860 年，幕府將種痘所收歸政府直轄，1861 年改稱為西洋醫學所，1863 年又改稱為醫學所，與多紀氏主持的醫學館相並列，說明西醫勢力日益得到加強和擴大。1868 年明治維新推翻了幕府統治，為新政權服務的西洋

醫學派也隨之操縱了衛生行政事務，於是，反過來用政治力量排擠了漢醫。同年即將漢醫的醫學館址改為西醫的種痘所，歸醫學所（後改稱醫學校）管轄。這是維新政府廢除漢醫、推行西醫的第一個措施。1869 年政府決定醫學教育由荷蘭醫學改為取範於德國醫學，並將醫學校兼病院改稱大學東校（即東京大學醫學部的前身），1871 年又聘請德國軍醫穆勒（Müller, L.）和霍夫曼（Hoffmann, T.）改革日本醫學教育，在一個時期內全部醫學課程均由德國教師擔任。這是維新政府改革醫學教育的一項重大措施。

1875 年，政府頒佈醫師開業規則，未經醫學校畢業者必須通過考試方准開業行醫，而考試科目是西醫課程，這給予漢醫以致命打擊。於是，漢醫界以淺田宗伯（1815–1894）為首，組織漢醫團體溫知社，開設漢醫病院，創辦漢醫學校，在學術和政治兩方面都進行了激烈抗爭。但是，由於維新政府新制定的方針最後經國會決議通過，遂使漢醫遭到嚴重的打擊，1883 年，日本政府頒佈醫術業考驗規則和醫師執照頒發規則，取締了漢醫學校，於是，漢醫從國家政策上失去了存在的保證。然而，擁有 1,500 餘年歷史，並且對日本人民的健康做出了巨大貢獻的漢醫，並不是用行政命令即可廢除的。一些有志者在取得醫師（西醫）資格後仍然繼續進行漢醫的診療和科學研究。不過由於失去了政府的支持，漢醫的發展大受阻礙。

直至第二次世界大戰結束前，日本醫學主要是吸收德國醫學的營養，在比較短的時間內完成了醫學的現代化。不少日本醫學家取得了世界先進水平的成就，例如：

1889 年北里柴三郎（1853–1931）首次培養破傷風菌獲得成功，次年和貝林（Behring, E. A. von, 1854–1917）共同研究成功破傷風的血清療法，並獲得德國柏林大學名譽教授稱號。

1897 年，志賀潔（1871–1957）發現痢疾桿菌，該菌屬的學名 Shigella 就是以他的姓氏命名的。

1909 年，秦佐八郎（1873–1938）在艾利希（Ehrlich, Paul, 1854–1915）等人創製梅毒特效藥 606 的研究中負責動物實驗工作，因成績卓著而聞名於世。野口英世（1876–1928）於 1910 年培養梅毒螺旋體成功，1913 年在麻痺性痴呆狂和脊髓癆病人的腦和脊髓中，發現梅毒螺旋體，從而獲得聲譽。

1911 年，鈴木梅太郎（1874–1943）提取維生素成功。

1915 年，稻田龍吉（1874–1950）和井戶泰發現鉤端螺旋體；同年，山極勝三朗（1863–1930）等人的人工皮膚癌實驗獲得了成功。

1932 年佐佐木隆興（1878–1966）和吉田富三（1903–1973）對致癌物質的研究獲得成功。第二次世界大戰期間，由於日本軍國主義的侵略政策，與歐美醫學先進國家斷絕交往，日本醫學也因此停滯不前。

中日兩國的醫藥交流

一、魏晉南北朝時期

中日兩國是一衣帶水的鄰邦，歷史上中日交流頗多，中國醫學對日本影響較大。早期，中日間的往來由於受到航行船舶難以掌握季風規律的影響，中國醫學一般經過朝鮮傳入日本。550 年，中國灸治術傳入日本。日本欽明天皇十三年（552 年），中國南朝梁簡文帝贈日本政府《針經》一部。562 年，吳人知聰攜帶醫書《明堂圖》等共 164 卷到日本，中醫書籍傳入日本。對古代日本醫學尤其是針灸的發展，產生了重要的影響。

二、隋唐五代時期

日本推古天皇十七年（608 年），推古天皇派遣藥師難波惠日、倭漢直福因等來華學醫，15 年後學成歸國，帶回《諸病源候論》等重要醫書。文武天皇大寶元年（701 年），日本採用唐制，制定醫藥職令 ——《大寶律令‧疾醫令》，明確規定醫學生必修《素問》、《黃帝針經》、《明堂脈訣》、《甲乙經》、《新修本草》等重要醫籍。

聖武天皇天平五年（733 年），日本僧人榮睿、普照來華留學，10 年後到揚州邀請鑒真和尚赴日弘法。鑒真認定日本是「有緣之國」，於是毅然率領數十名弟子，六次渡海，歷時 10 載，終於在孝謙天皇天平寶字六年（754 年）抵達日本奈良。他在日本傳授佛學、

鑒真主持營建的唐招提寺

醫學、建築學，尤其對日本醫學的發展產生重要影響。日本東大寺
正倉院裏，現在還保存着唐代由揚州運去的中藥。後世日本學者撰
著的《鑒上人秘方》，載有鑒真的醫方。鑒真使用的腳氣入腹方、訶
黎勒丸等，為丹波康賴《醫心方》收錄。淳仁天皇六年（763 年），鑒
真在日本奈良招提寺圓寂，日本民眾讚譽他為「過海大師」。[3]

　　平城天皇大同元年（805 年），日本醫生菅原清公（770–842）來
華學醫後歸國，他精通唐代醫方，極力提倡中國醫學。平城天皇大
同四年（唐元和三年，808 年），日本醫家以《素問》、《黃帝針經》、
《脈經》、《甲乙經》、《小品方》、《新修本草》等為藍本，編成《大同
類聚方》，是一部比較全面介紹中國醫學的著作。

3　鑒真（688–763），俗姓淳于，自幼出家，到長安（今西安）隨高僧兼醫家弘景（又
　　稱恆景）學習。東渡日本後，除講經外，曾為光明皇太后等治病。著《鑒上人秘方》
　　（又稱《鑒真秘方》）一卷，《醫心方》中亦有引述其醫方。江戶時期以前的藥商，
　　都宗奉鑑真為始祖。

三、宋金元時期

　　宋金元時期，日本採取閉關鎖國政策，中日兩國官方交往很少，但民間貿易和文化交流仍然比較頻繁。元代，日本商船經常來到中國。北宋時期中日醫藥交流趨於停滯。南宋時期，中日醫藥交流又有所開展，但醫藥交流以僧人和商人為多。

　　北宋康定二年（1041 年），宋僧惠清到日本行醫。同年，藤原清賢奉命赴宋，求索治眼病方。治平三年（1066 年），王滿赴日時帶去「靈藥」。宋醫郎元房到日本，得到當權者北條時賴（1227–1263）和北條時宗（1251–1284）的信任，擔任他們的侍醫，僑居鎌倉 30 多年，對日本醫學影響頗大。許多來宋習醫的日本僧人，回國之際攜帶許多中醫古籍。藤原隆英在中國學會製作解毒丸。智玄學醫回國後，曾為鳥羽天皇（1107–1157 年在位）治癒疾病。淳祐元年（1241 年），圓爾辨圓（聖一國師）從宋帶回日本的典籍達數千卷，藏於普門院書庫，普門院《藏書目錄》載有《魏氏家藏方》等 30 多部中醫書籍。宋金元時期中日醫藥文化的交流，促進了日本的漢醫發展。日本丹波家族的僧人榮西，在乾道四年（1168 年）和淳熙十四年（1187 年）兩次入宋，歸國時帶回茶種，將茶葉引入日本，撰有《吃茶養生記》2 卷，推廣飲茶，介紹茶葉治病、養生的功能。

　　後二條天皇嘉元元年（1303 年），日本醫僧梶原性全用通俗易懂的和文編撰《頓醫抄》50 卷，該書據《諸病源候論》目次分部，以《聖惠方》、《和劑局方》、《三因方》為宗，折衷《千金方》、《濟生方》等並結合家傳和自己臨床經驗而撰成。梶原性全又於日本花園天皇正

和四年（1315 年）（一説為日本後醍醐天皇嘉曆元年〔1326 年〕）撰成
《覆載萬安方》62 卷，主五運六氣學説，以《聖濟總錄》為主軸，吸
收宋以來大量新經驗及傳日醫籍內容。《頓醫抄》、《萬安方》與醫僧
有鄰禪師在日本後光嚴院天皇貞治年間（1362–1367 年）所撰的《福
田方》12 卷，是日本鎌倉至室町之初最具代表性的醫學專著。

宋金元時期，中國輸往日本的藥物主要是香藥，如福州客商周
文裔在宋天聖六年（1028 年）贈送日本右大臣藤原實資的禮物中，
有丁香、沉香、麝香、薰陸香、訶黎勒、光明朱砂等。日本輸入中
國的多為硫黃和珍珠。

四、明清時期

在中外醫藥交流中，日本是與中國關係最密切的國家之一。
明代中日兩國醫藥交往尤為頻繁。洪武三年（1370 年），竹田昌慶
（1340–1420）來華，向道士金翁學習中醫和針灸。在華期間，為明
太祖皇后醫治難產，使母子平安，賜封為「安國公」。八年後，竹田
昌慶回日本時，帶回一批中醫藥典籍及銅人圖等。

日本後花園天皇享德元年（明景泰三年，1452 年）日本僧人月
湖（又號潤德齋）來華，居住杭州，撰有《金九集》、《大德濟陰方》
等書。日本後土御門天皇長享元年（明成化二十三年，1487 年），田
代三喜來華，隨名醫虞摶（1438–1517）之孫學醫，攻研東垣（李杲，
1180–1251）、丹溪（朱震亨，1281–1358）之學，歷經十二載，回國

後倡導李朱學説。[4] 門徒曲直瀬道三（1507–1594）深得田代真傳，從師達 10 年之久，後到京都創立啟迪院，推崇虞搏、王綸著作，更宗丹溪學説，撰有《啟迪集》，以發揚李朱學説，成為日本「後世派」骨幹。其子曲直瀬玄朔繼承父業，開學舍，傳醫術，並與崛正意合辦「嵯峨學舍」，廣收學徒達 3,000 餘人。

日本後土御門天皇明應元年（明弘治五年，1492 年），坂淨運來華學醫，八年後學成，帶回《傷寒雜病論》，向日本醫界宣揚東漢末年著名醫學家張機（150–219）的仲景學説[5]，反對李朱之學，與曲直瀬道三爭鳴，撰有《新椅方》、《遇仙方》、《續添鴻寶秘要鈔》等。永田德本（1513–1630）繼承坂淨運之學，創立日本「古方派」，對日本醫學影響很大。名古屋玄醫（1627–1696）、吉益東洞（1702–1773）也是古方派重要醫家。江戶中期以後，此派學説得以進一步推廣，在西洋醫學勃興以前是醫學的主流。此外，日本還出現介於兩派之間的「折衷派」，主張既遵奉中國古代經典醫理，也重視選用宋、元以後的新方，首倡者為望月鹿門（1697–1769）。

吉田宗桂（1500–1570）精通本草，分別於日本後奈良天皇天文八年（明嘉靖十八年，1539 年）、天文十六年（明嘉靖二十六年，

4　李朱學説即李杲（東垣）、朱震亨（丹溪）之學，二人與劉完素（1100–1180）、張從正（1156–1228）並稱金元四大家。李杲認為人以胃氣為本，善用溫補脾胃之法；朱震亨治病善用滋陰降火法，世稱「養陰派」，日本醫學家曾成立「丹溪學社」，並尊他為「醫聖」。

5　仲景學説即張機（仲景）之學，首倡對傷寒（泛指一切外感發熱性疾病）六經辨證和雜病八綱辨證原則，奠定中醫辨證論治的基礎，後世尊為「醫聖」。經人收集整理而成的《傷寒論》和《金匱要略》兩書，分論傷寒與雜病證治。

1547 年）兩次隨日本使節來到中國，並在第二次時治癒明世宗的疾病，賜以《顏輝扁鵲圖》、《聖濟總錄》及藥笥等。遂攜所賜方書歸國，醫名更甚，醫界譽為「日本日華子」。[6]

　　李時珍（1518–1893）的藥學巨著《本草綱目》出版 10 餘年後，即流傳到日本。明萬曆三十五年（1607 年），中國學者林道春將該書獻給江戶幕府創建者德川家康（1542–1616），成為《本草綱目》傳日之發端。十七世紀以後，《本草綱目》的多種版本陸續傳到日本。朱橚（1361–1425）《救荒本草》也流傳到日本。

　　清代，中國與日本的醫藥交流有新的發展。龔廷賢（1522–1619）弟子戴笠（字曼公）在清初到日本，將其醫術及種痘方法傳給池田正直、高天漪、北山道長等。金華陳明德、杭州陸文齊、蘇州吳載南和陳振先、福建朱來章等，先後到日本行醫。日本多紀（丹波）元簡（1755–1810）所撰《素問識》、《靈樞識》及丹波元胤（1789–1827）《醫籍考》（又名《中國醫籍考》）、丹波元簡《傷寒論輯義》與《金匱玉函要略輯義》、丹波元堅《傷寒論述義》與《金匱要略述義》、山田正珍《傷寒論集成》等又傳到中國，對研究《傷寒論》和《金匱要略》起着積極作用。

6　日華子（原名大明，以號行）是唐末五代時人，有《日草子諸家本草》（簡稱《日華子》）。此書在各藥條下，分述正名、別名、性味、藥效、主治、用途、七情畏惡、產地、形態、採收時月、炮炙等。原書已佚，現有六百餘條文存於《證類本草》之中。

　　朝鮮金禮蒙等撰《醫方類聚》(1445 年)[7]，集十五世紀以前中醫醫方之大成，但該圖書在朝鮮失傳，丹波元堅有家藏殘本（缺 12 卷），他請人參考諸書，加以補充，仿原本活字沿印，於文久二年 (1861 年) 刊行，世稱「江戶學訓堂本」。

中西結合的日本醫學

　　第二次世界大戰後，日本醫學又大量吸收世界各先進國家特別是美國的醫學成就。醫學教育方面，廢除了專科學校，一律設置醫科大學，從而提高了醫學水平。經過二、三十年的艱苦努力，已步入世界醫學的先進行列。

　　日本民族善於汲取其他民族的長處來創造自己的民族文化，在醫學方面也不例外。日本醫學先後汲取了朝鮮、中國、荷蘭、德國以及美國等國家的醫學成就，豐富和發展了自己的醫學。中日兩國人民有着悠久的友好往來的歷史，在醫藥學方面也互派代表團和留學生，促進兩國人民的醫藥交流，留日學生對近代中國醫學的發展作了很多貢獻。現時日本稱以中醫為主流的東方醫學為「東洋醫

7　《醫方類聚》是朝鮮李朝世宗在位 (1418–1450 年) 時，集賢殿副校理金禮蒙、著作郎柳誠源等人受敕，將中國漢唐至明初的醫書 135 種，分門別類，以三年時間編成的醫書總集。原有 365 卷，正式出版時壓縮為 265 卷（一說 266 卷），分成五臟門、諸風門、諸寒門等 91 門，先介紹各門的病症，次列藥方及其出處，並加註解，保存了中國明代以前一些失傳的醫書。

學」，當中包含日本傳統醫學的成分在內，作為「西洋醫學」的對稱，1972 年成立的北里研究所附屬東洋醫學總（綜）合研究所，是日本最早的東洋醫學研究機關。該所所長大塚恭男著有《東洋醫學》（東京：岩波書店，1996 年），是一冊簡明扼要的著作，對東洋醫學與西洋醫學、日本東洋醫學史、日本東洋醫學與中國醫學等課題均有論述。

第七章

「浮世繪」

江戶日本的庶民畫

浮世繪的起源和奠立

日本的「浮世繪」是江戶時代最具平民色彩的畫。「浮世」一詞原為佛教用語，是指短暫、虛假而又無常的人間塵世。浮世繪有廣義和狹義之分：廣義的浮世繪，是指描繪人世間日常生活的非宗教繪畫作品；狹義的浮世繪，則指寬永年間（1624–1643 年）以青樓女子、戲劇演員和自然風光為基本表現主題的版畫作品。

江戶時代以前的日本繪畫，大多受中國藝術的影響；傳統繪畫的享用者主要是貴族、武士和佛教僧侶，反映平民心聲的作品寥寥可數。在日本美術史上，浮世繪是大眾化的民族藝術。就題材與技法表現而言，浮世繪與桃山時代末期至江戶時代初期的風俗畫屏風有某種淵源關係；早期的風俗畫大多出自無可稽考的平民畫師，只有岩佐又兵衛（1578–1650）被視為許多風俗畫的製作者，因而被認為是浮世繪的始祖，有「浮世又兵衛」之稱，《宮女觀菊圖》確定是他的作品之一。這種不以圖示故事為目的的美人形象，被後人視為浮世繪的最初形態。他曾領導過一個擁有若干名工匠的繪畫作坊，不僅製作《豐國祭圖》之類的時髦屏風畫，還打破傳統，描繪以民間戲劇人物為主題的《古淨琉璃繪卷》。[1]

寬文年間（1661–1672），浮世繪女性形象的表現模式趨於定型。

---

1 「淨琉璃」是一種用三弦伴奏的說唱曲藝，其名義源自描寫源義經與淨琉璃公主戀愛的《淨琉璃姬物語》。元祿年間，演唱形式達於成熟。結合木偶表演的淨琉璃，叫做「人形淨琉璃」；帶有濃厚歌謠風味的淨琉璃，稱為「歌淨琉璃」。

　　早期的浮世繪多用手繪，稱為「肉筆畫」，《繩暖帘圖屏風》是其代表作，其金箔背景顯然帶有桃山屏風畫的痕跡。稍後的美人圖則越來越少陪襯景物，甚至消失，只剩下女性富有魅力的體形曲線和華麗的衣飾紋樣，大膽而簡約的處理方式給觀畫者更多的想像空間。

　　寬文美人圖中的女子，是被稱為「游女」的歌女或藝伎。隨着經濟的發展，娛樂場所逐漸成為大城市中最熱鬧繁榮的地方，據井原西鶴（1642–1693）的《諸豔大全》記載，江戶的吉原、京都的島原和大阪的新町曾被喻為「眼前的佛國淨土」，而活躍於其中的歌女和藝伎，則被稱為「飛天仙女」。花街柳巷的賣笑女子大量入畫，反映出藝術的表現對象已產生變化，其主要的欣賞者和贊助人，是城市中的富商巨賈和普通市民。

　　井原西鶴是著名的《浮世草紙》（又作《浮世草子》）大作家，他大膽打破「物語」的傳統風格，著有《好色一代男》、《好色一代女》、《好色五人女》等，作品內容多描寫町人社會的現實情況，享樂主義氣息濃厚。「浮世」意為享樂的今世。在此之前流行於江戶初期的浮世小說的《假名草紙》，使用便於閱讀的假名文字寫作，主要面向婦女和兒童，故事具有一定的啟蒙、說教和娛樂意義。書中有插圖，是浮世草紙的先驅。但浮世草紙的風格明顯不同，屬庸俗性的大眾文學，從井原西鶴開始，流行了百餘年。順帶一提，江戶中期之後流行的「戲作文學」（通俗文學的總稱），除僅有文字的「讀本」（小說）外，「繪草紙」（繪本小說）、「草雙紙」（插圖小說）是圖文並載的；草雙紙一冊只有一頁左右，把幾冊合訂成為「合卷」，故事便連接起

來，封面通常有錦繪的歌舞伎和「淨琉璃」劇中的人物。

最早意識到這一社會需要並作出回應的藝術家是菱川師宣（1618–1694），早年在京都學畫，1670 年起成為江戶有名的插圖畫家，插圖內容包括色情書、逸聞書、御伽草子、名勝遊記等，其中遊女評判記、色情書佔大多數，流行的典型美女形像，被俳句稱為「菱川的東面影」。菱川師宣改進了傳統的表現手法，以更為世俗的主題來滿足平民階層日益增長的需求，為通俗的市井讀物繪製插圖。這些活潑自然的書籍插圖，奠定了浮世繪版畫藝術成立的基礎。

書籍插圖的製作可以追溯到平安後期的藤原時代，不過當時只把簡單的木刻畫作為正式繪畫的草稿。例如 1180 年奉獻給大阪四天王寺的十冊《妙法蓮華經》中，人們使用刻有圖畫的版木，在紙上印出裝飾性的底繪，然後再在上面抄寫經文。其後在桃山時代，人們開始在一些文學書中印製版畫插圖；進入江戶時代之後，這類版畫插圖的印製隨着出版事業的發達而趨於普及。菱川師宣通常只是繪製一些樣品，然後由作坊裏的工匠刻製成版，大量印製以滿足市場需要，並賺取利潤。他最早的作品，可以確定的是寬文十二年（1672年）繪製的《武家百人一首》，至元祿八年（1695 年）的《和國百女》為止，他和弟子們繪製的插圖本和連環畫本約有 150 種。師宣自豪地在這些插畫上簽上自己的名字，並冠以「大和繪師」的稱號。人們稱師宣的畫為「浮世繪」，實際上他是在大和繪的基礎上，以優秀的造型和清新的線條，開闢了一個嶄新的藝術領域。

除了書籍插圖外，師宣還有另一類被稱為「肉筆畫」的手繪作

品，但較大的畫面和多種不同用色，致使這類作品的批量製作和銷售極為困難。可能由於這個緣故，師宣繪製了一些單頁印刷的版畫作品，在名為〈枕屏風〉的作品中，繪畫已徹底擺脫了文字的羈絆而成為主角；他甚至將多達 12 張的單頁版畫集中裝訂，其形式與現代連環畫有些相似。至此浮世繪已是具有獨特個性的作品類型，並且為多元化的風格發展鋪平了道路。從這一意義上說，菱川師宣就是江戶浮世繪之父。在他的插圖本中，署名的作品有 30 餘種，加上推定為他手筆的作品，共有 100 多種。代表作品有《伽羅枕》、《武家百人一首》及《和國百女》。

美人畫和役者繪

一、鳥居派的美人畫

　　菱川師宣的浮世繪在技法上還很幼稚，大多數作品仍局限於黑白兩種色調；為了滿足一些顧主的要求，他曾在印刷好的畫上添加其他色彩。設色浮世繪的大量出現，則是由於其他繼承者的努力。早期的敷色浮世繪大多使用橘紅色的丹鉛，這種着色版畫又稱為「丹繪」；其後用更鮮豔的玫瑰紅代替丹鉛，稱為「紅繪」或「漆繪」。大約在寬保年間 (1741–1744)，有些浮世繪畫家開始製作多色的套印版畫，雖然使用的色彩有三四種之多，由於主要仍用紅色，故有「紅

摺繪」之稱，以便與手工填彩的彩色版畫相區別。

以鳥居清信（1664–1729）、鳥居清倍（1706–1763）父子為代表的鳥居派浮世繪畫家，是丹繪浮世繪的代表。清信自稱「和畫工」，清倍則在畫上寫明「日本婥娟畫鳥居氏清倍畫」。鳥居清信的父親鳥居清元（1645–1702）是一個出名的男旦演員，大概由於這個緣故，清信與戲劇界關係很密切，他最初的作品是為歌舞伎劇團作宣傳的戲劇海報，即被稱為「役者像」的演員畫像。其作品取材於舞台表演的某一瞬間，具有劇照式的真實性，著名的《上村吉三郎的女三宮》，就是元祿十三年（1700 年）上演的劇目。戲劇海報通常懸掛在劇院門口招攬觀眾，因此清信使用粗細變化極大的濃重墨線，繪製高度誇張的人物形體，以吸引行人的注意；作品中只使用對比強烈的紅色和綠色（綠色後來褪變而成黃色），他還在這些印刷以後重新填塗的色彩中施以濃淡不同的變化，使兩種色調達到一種微妙的平衡。

鳥居清信在廣告畫領域中創造了一種新的程式，人們稱之為「葫蘆手足」和「蚯蚓描」，手腳肌肉畫成一股一股像葫蘆一樣，而通過蚯蚓般蠕動的線描把運動感呈現出來。美人畫方面，清信在師宣的基礎上，以廣告畫手法創造了線條粗獷的新樣式，只用墨色在白色紙面上印刷美人立像，黑白分明的強烈對比，予人樸素、清新的美感。清倍的「役者像」比清信的畫風更加粗獷豪放，其才能亦集中展現於歌舞伎表演的街頭廣告上。他曾經為著名歌舞伎演員市村團十郎的劇目繪製過一系列海報，〈拔竹五郎〉便是一幅極不尋常的著名作品。據說當時這類「芝居繪」（即戲劇繪畫）的製作，幾乎被鳥居

派浮世繪畫家所壟斷。他們對傳統美人圖作了許多改進，寬大舒展、迎風飄揚的衣服成為表現的重點，流暢剛勁的輪廓線條，使畫面具有明快而活潑的歡樂氣氛。

二、奧村政信和懷月堂安度

　　另一位江戶美人畫的大師奧村政信（1686-1764），他年少得志，不僅自己作畫，還親自經營製版印刷的工場。其作品最令人神往的不只是青年女性的嫵媚身姿，還有若有若無、耐人尋味的抒情意趣。技法方面也作了大膽改進，在傳統丹綠二色中加入少量黃土，並在富有光澤的墨色中夾雜了少許金末的銅粉，從而使原本厚重的「丹繪」色調更為輕快和富有變化。此外，又從傳統的「一枚繪」版畫樣式中，發展出「柱繪」和「三幅對」等，豐富了浮世繪的表現形式。奧村政信的落款比較正規，通常是「正名芳月堂奧村文角政信筆」；但有時會在作品角落附上小店可雕板製圖、歡迎惠顧的商業廣告。

　　與上述雕板印刷的浮世繪不同，懷月堂安度（1671-1743）在手繪的肉筆美人圖上展示其才華。他曾遭流放，因其作品被人指控諷刺時政；後來重返京城，帶領近二十名有才華的畫師從事生意興隆的版畫製作。懷月堂派美人圖中的女性，其豐滿身軀多呈 "S" 字形，或偏轉或扭曲，面部通常朝着與身軀不同的方向，寬大和服上簡潔有力的皺褶線條，使人感覺到華服內的柔軟軀體及其靈活姿態。懷月堂安渡創立的美人立像模式，筆法個性很強，畫中人物姿態獨特，衣裳表現極其誇張，濃墨勾勒的線條，富有動感和生命力。波士頓美術館所藏的

《風俗圖卷－遊戲圖》是他的代表作。浮世繪美人圖的另一代表人物是西川佑信（1671–1751），他生活於文化傳統較為深厚的京都地區，曾向編著《本朝畫史》的狩野永納（1631–1697）和土佐派畫師學習過繪畫，其作品具有較多的書卷氣息，大多為墨印美人風俗畫，擅長以纖弱的曲線，描繪女性的萬種風情。他有時還在畫面上題了一些高雅的和歌俳句，以豐富畫面的內涵。佑信筆下的美女已不限於花街柳巷的賣笑女子，而擴大到社會各個階層；另一個特點是很少採用孤獨的肖像畫形式，畫中人物總是處於一個特定的場合之中。佑信還製作了許多版畫冊頁，這一新形式的採用使得浮世繪更具新畫種的獨立意義。

三、鈴木春信與「錦繪」

　　浮世繪經歷了百多年的努力和發展，至鈴木春信（1724–1770）時[2]，終於進入被稱為「錦繪」的新階段，開創了印有多種色彩的浮世繪。「錦繪」是對一種新型多彩套色版畫的雅稱，因其色彩組合使人聯想到華麗錦緞。浮世繪以此為契機，進入「古典期」的繁榮階段。當時一些對浮世繪有共同愛好的詩人和藝術家，自己設計並精心繪製了一些附有插圖的曆書，互相交換，藉此比較畫技和想像力的高低。1765 年的新年，這種繪曆的發起者、俳號「巨浪」的高級武士，

2　鈴木春信的畫風受西川佑信和中國明代畫家仇英（1493–1560）的影響很大，主要作品為美人風俗畫。圖中美人多是楊柳腰肢的少女，而以中間色為基調的色彩，極富魅力，予人一種充滿浪漫的感覺。鈴木春信使線條和色彩的關係達到完美的協調，代表作是《暮雪》、《賞楓》等。

與天才畫家鈴木春信合作，在單一畫面中採用七、八種美麗色彩的新型版畫而成「錦繪」。春信的作品立即引起強烈反響，人們被鮮豔的色彩迷住，出版商見此大好時機，於是大量印製這種豪華版的新型浮世繪出售。從鈴木春信的《見立寒山拾得》錦繪所見，作者為了獲得與眾不同的裝飾效果，使用了一種稱為「墨流」的特殊紙張，畫面在水波般流動的波紋圖案襯映下，別具一種裝飾趣味。

　　春信又與製版匠人合作，使用一種名為「空摺」的特殊技法，對名為「奉書」的紙料進行特別處理，他借鑒中國信箋上素白底色世紋的做法，用版木在紙上按壓出花卉、動物羽毛、流水以及其他景象的輪廓，造成浮雕般的效果。春信幾乎是所有革新的集大成者，他從發明錦繪至1770年去世的六年間，留下了數以百計的精美作品。其筆下的人物形像與西川佑信有許多相似之處，不過他可能受了《源氏物語繪卷》等大和繪藝術的啟發，各種各樣的婦女戴上相同的面具，使她們具有一種神秘莫測的奇妙表情，從而勾發觀畫人的聯想。景物設置更為講究，在多數作品中，作為陪襯的景物數量較少，卻常提示着畫中人物的內心世界，有時則對畫面的氛圍起着烘托作用，具有詩意盎然的抒情效果。春信的錦繪立即成為一種新的時尚，有許多追隨者和仿效者，另一方面則促使有才華的畫家進行新的嘗試。

　　鳥居清長（1752–1815）是一個成功的探索者，他最初學畫歌舞伎演員的肖像畫，又向鳥居派第三代傳人鳥居清滿（1735–1789）學習仕女畫，其後成為春信的追隨者，但他很快便改進了一些重要的

細節,而形成自己的獨特風格。清長有意識地拉長了女性軀體的比例,使她們擁有更秀美的體態,文雅的舉止使她們具有淡雅的書卷氣,而寫實性的景物且加強了作品的抒情氛圍。清長還創造出一種不同尋常的聯畫形式,幾幅互有關聯的繪畫既可獨立欣賞,又可以拼合在一起,構成連貫性的更大畫面。他的《山門雨宿》就是這樣的傑作,三幅畫分開時,看到的是婦女遇雨時的情態,按照順序組合在一起時,可以看到她們奔走避雨的過程。這種被稱為「續物」的特殊構圖,提高了觀賞者的興趣,有效地增加作品的銷售量,清長遂於 1785 年成為鳥居派的新領袖。風靡浮世繪畫壇的清長式美人畫,美人都有修長的身材,身高有八個頭那麼長或更長,身姿婀娜,相貌嫵媚。美人圖多採用羣像形式,而以戶外景色作為背景。《隅田的渡船》和《大川端納家》,是他的代表作。

四、寫樂的「役者繪」

鳥居派美人圖大行其道的時候,另一種不同風格的浮世繪開始形成,這些作品大多是著名歌舞伎演員的肖像畫,因而被稱為「役者繪」。其創始者是明和末年的一筆齋文調(1725–1794)和勝川春章(1726–1792),後者擅長描繪歌舞伎演員的相貌和演技,所創作的演員肖像畫,被稱為「似顏繪」。在他的影響下,當時出現了很多半身美人圖和面部特寫的版畫,以東洲齋寫樂最為著名,他的注意力集中在演員的臉譜和個性化的誇張表情上,人物面部特寫幾乎佔四分一畫面的表現方式使他的作品有「大首繪」的別稱。為了強化這種漫

畫式的效果，甚至不惜犧牲正常的人體比例，類似卡通人物，這在日本繪畫史上是絕無僅有的。寫樂不是漫畫家，然而他的作品具有強烈的諷刺意味。[3]

在色彩處理方面，寫樂亦有其特色。他在畫面的背景塗上一種銀灰色的黑雲母粉，後來由於不甘被人仿效，改用紅白雲母粉來塗抹背景，因此寫樂的浮世繪被稱為「雲母摺」。人物的面部通常塗上一層厚厚的底色，然後用纖細流暢的圓滑線條勾勒出五官細部，巨大的面部成為畫面中最明亮的地方，而誇張的表情則成為注目的焦點。其用色極為簡潔，不超過四種，同一色澤施於不相連的部分，刻意造成一種特殊效果。當時有許多仿效者，但也招致不少批評，同時期的另一位浮世繪大家喜多川歌麿（1753–1806），就曾憤怒地稱之為「惡癖之作」。寫樂的藝術逐漸消沉，甚至被人遺忘，直至十八世紀末由於歐洲人的高度評價，寫樂的畫始重新受到重視。

五、歌麿的美人圖

喜多川歌麿喜歡使用古典主義的傳統手法表現傳統的女性主題，他曾模習風靡一時的鳥居派美人畫，大約在寬政年間開始形成自己的風格，在著名出版商俵屋重三郎的支持下嶄露頭角。他雖然

3　東洲齋寫樂曾於寬政六年至七年（1794–1795）間作畫 140 種，徹底地刻畫伶人的特性和表情，捕捉那一瞬即逝的舞台動態，而以誇張的筆調作出描寫。但這種風格特異的真實，並不是人們想像中的美，東洲齋寫樂的浮世繪因而不獲好評，據說當時的出版商鳥屋重三郎，停止了出版他的作品。

對寫樂的「役者繪」大加鞭撻，但其美人圖模式卻有神似之處，他很少表現完整的女性軀體，而用女性的微妙體態加上富有象徵意義的小道具，使人產生不同感受和聯想。歌麿亦使用大塊平塗的色塊來突出人物形像，而另一個刻畫的重點，是華麗的服裝和裝飾，以及各地不同的髮式，以此暗示人物的身份和性格，從而展示了一個極具魅力和誘人的女性世界。他有意避免寬文美人圖的複雜背景，亦明顯可見。

歌麿創作的全盛時期是 1791 年至 1794 年，代表作有《婦人相學十體》和《歌撰戀之部》。歌麿美人圖的主要特徵在於較大的人物面部更能展示女性嫵媚動人的嬌美容貌，他筆下的女性大都有着古典的優雅神態，他對女性表情的微妙變化特別敏感，善於在近乎千篇一律的神秘表情中，運用不同的線條筆觸，即使是五官位置的細小變動，亦能呈露嬌嗔憂怨的不同神態。歌麿的許多作品曾被用作花街柳巷招攬顧客的招牌，帶有一些暗示性的肉體表現，他在描繪這些生活在社會底層的不幸女性時，既非寄予廉價的同情，也沒有流露狎妓者的粗鄙下流，而是洋溢着由衷的喜愛和欣賞。1804 年，歌麿繪製了一幅名為《太閣洛東五妻游》的歷史作品，描繪豐臣秀吉在美女簇擁中舉杯狂飲的情形，觸怒了官府，受到牢獄和刑罰之苦。他去世後，美女圖的傳統題材便流於平庸和粗俗了。

葛飾北齋和安藤廣重

一、「畫狂」葛飾北齋

正當傳統美女圖漸趨消沉的時候，以自然風光為主要表現對象的新型風景畫，為浮世繪帶來一股清新的風氣，而把這種畫種推向至高境界的畫家就是葛飾北齋（1760–1849）。[4] 他年輕時進入勝川春章的畫坊，學習歌舞伎演員肖像畫和傳統美人圖的基本技法；又廣泛涉獵狩野派、琳派和當時最新式的西畫銅版畫技法，在將近 40 歲時終於找到最適合的繪畫風格。北齋於 1830 年前後完成了題為《富嶽三十六景》的連續性作品（實際是 46 張），通過新穎構圖和色彩運用，展現了神話般的夢幻世界。《凱風快晴》（亦稱赤富士）是當中最為人所熟悉的，成為浮世繪乃至日本繪畫的標誌性作品。

北齋從 1814 年開始，陸續出版名為《北齋漫畫》的個人畫集，他在生時印了十三冊，死後還有兩冊刊行，總共十五冊，收錄作品近 3,000 幅。除風景畫外，還為傳奇故事《百物語》和龍澤馬琴的讀本《椿說弓張月》繪製過一些奇特的精美插圖，怪異的形象和逼真的表現，展示了北齋藝術的另一個側面。北齋自稱「畫狂」，終生保持對繪畫的狂熱和執着，淡泊名利，居無定所。70 多歲時開始創作由

4　葛飾北齋又作勝川春朗，是勝川春章的門人。初號春朗，次號宗理，最後號北齋。
　　20 歲開始作畫，憑藉 70 年的繪畫經驗，以豐富的創造力，改進了浮世繪木版畫的
　　品質風格，成為舉世知命的版畫家。

葛飾北齋《富嶽三十六景》之《凱風快晴》

一百幅作品組成的大型組畫《富士山百景圖》，90 歲高齡還沒有放下手中的畫筆，真誠地說：「天借年壽再十年，我必修成真畫工。」他的女兒葛飾應為（1800–1866）也是浮世繪畫家。

二、廣重的風景版畫

在風景畫方面可以與北齋並稱的大師，是比他小 17 歲的安藤廣重（1797–1858）。[5] 他出身武士家庭，但熱愛繪畫，進入歌川豐廣的畫坊，成為職業畫師。1831 年出版的《東都名勝》，北齋風格的烙印是十分明顯的；次年廣重因有機會陪同將軍的使者前往京都，這次

5　安藤廣重又作歌川廣重，是歌川豐重的門人。工風景畫，作品表達了日本民族追求自然美的心態；其代表作《東海道五十三次》（1833 年）。描繪東海道沿途 53 座驛站、城鎮，由 55 幅作品組成，富有感傷情調，為庶民所喜愛，一時之間，安藤廣重的人氣曾超過葛飾北齋。

安藤廣重《東海道五十三次》

東海道之旅在廣重的繪畫生涯中成為一個重要轉折點，他畫了許多速寫，回到江戶之後，據此創作了著名的組畫《東海道五十三次》。與北齋的大膽構圖相比，廣重的風景畫顯得平淡淳樸，而最大的特點，是其極具感染力的濃濃詩意。他的畫總是與平民百姓的生活聯繫在一起，各種身份的人物都在畫中出現。

　　廣重在《東海道五十三次》之後，至少繪製了四十餘套同一題材的組畫，某些作品予人草草了事之感，但亦有精緻的佳作。廣重的畫風平易近人，使他享有的聲譽比北齋更為普遍而長久。

三、浮世繪流傳海外

　　浮世繪從菱川師宣到安藤廣重，約有 250 年的歷史。其間不但一再受到官方的壓制，還面臨文人畫、寫人畫以及西洋畫的夾攻，

在險惡的環境中表現出頑強的生命力，形成眾多的風格流派。幕末時期的日本，社會趨於腐朽，喪失了活力，浮世繪的製作也丟失了優雅明快的傳統，大量粗製濫造的作品，充斥着色情挑逗和頹廢表現。十九世紀中葉，一些印製有浮世繪的包裝紙作為瓷器的填充物被帶到法國，引起西方藝術家的注意，並陶醉於東方繪畫的獨特色彩和審美趣味。

1867 年，幕府將軍為在巴黎召開的世界博覽會訂製了 100 幅浮世繪版畫，其中一半是風景畫，另一半是傳統的美人畫，描繪從事不同職業的婦女形像。這些作品大都出自三流畫家之手，但出人意表地風靡了整個巴黎，並對歐洲繪畫產生了長遠的影響，被視為東西方藝術交流史上最重要的事件之一。包括梵高（Vincent Willem van Gogh, 1853–1890）、馬內（Édouard Manet, 1832–1883）、莫奈（Claude Monet, 1840–1926）、德加（Edgar Degas, 1834–1917）、高更（Paul Gauguin, 1848–1903）以及惠斯特萊（McNeill Whistler, 1834–1903）等人在內的大批印象派（Impressionism）畫家，都曾經從浮世繪版畫的獨特構圖和色彩運用中得到啟迪。

浮世繪與日本版畫的發展

日本的版畫傳統在世界上僅次於中國，江戶時代（1600–1868）的「浮世繪」使日本版畫藝術達於高峰。「版畫」一詞，是日本在近

代意譯英語 "print" 之後再傳入中國的。明治時代（1868–1912）以降，至 1945 年為止，日本的版畫分為複製版畫時期（1868–1907）、創作版畫時期（1907–1945）兩個階段，其間浮世繪傳統和新傳入的西方版畫的衝突一直存在。

在複製版畫時期，版畫往往不被視為藝術，傳統木刻版以及外來的石版、銅版和木口版等都被當作單純的印刷術，僅在實用方面運用和發展。在創作版畫時期，版畫被重新作為創作手段而賦予獨自的生命，而重新獲得藝術價值。1927 年，版畫首次為官方展覽所接受，當時浮世繪版畫也獲重新認識，其優秀傳統得以繼承。

一、創作版畫的興起

小林清親（1847–1915）的風景畫，可以說是浮世繪和近代日本版畫之間的一道橋樑。1876 年，他以英國水彩畫為基礎，發表了洋風的木版風景畫，並且親自指導木版的雕刻師和印刷工。1884 年，發表了《武藏百景》、日清戰爭畫、江戶風俗回憶系列；其後還有許多單行本和報紙插圖，以及 1892 年的《富士十二景》石版畫系列。晚年專注於肉筆畫製作，其寫生畫中表露出復興洋風木版畫的願望。

二十世紀初，版畫復興的機運逐漸形成。這主要是發端於歐美人士對浮世繪版畫的欣賞，引起日本人對浮世繪的研究熱潮及再認識；另一方面又由文學上的新浪漫主義運動，喚起了人們對江戶藝術的美好回憶。1907 年創刊的美術雜誌《方寸》，對版畫創作相當尊重，經常發表版畫插頁，因而居於版畫活動的最前線。創作版畫最

便利和最主要的形式是木版木刻，二者幾乎成為同義語。創作版畫
的產生，是受到西方現代主義美術思潮的影響，從明治末到大正初，
由於《白樺》雜誌等的介紹，在青年畫家中形成一種反對自然主義客
觀描寫的熱潮。山本鼎在大正年間積極推進創作版畫運動，開拓新
的道路，有的顯示出抽象的傾向，有的還引進了野獸主義風格。

二、新版畫運動

　　對浮世繪版畫的美好回憶，影響了《方寸》同人的早期創作，如
石井柏亭的《東京十二景》等美人畫；織田一磨的《新東京風景》、
《大阪風景》等石版畫，也使人受到浮世繪的感染。他們學習並運用
了浮世繪的繪畫、雕刻、印刷等技術，又為浮世繪在近代版畫中的
再生提供了可能性。

　　在這趨向下，有些出版商致力追求新的版畫，這種「新版畫」既
有別於創作版畫，也有別於浮世繪。支持新版畫的出版家以渡邊莊
三郎為代表，橋口一葉、伊東深水（1898–1972）的美人畫，小林清
親（1847–1915）、川瀨巴水（1883–1957）、吉田博（1876–1950）的
風景畫，是較引人注目的。可惜這種新版畫容易陷入商品畫的泥沼，
因而未能充分發展起來。

三、創作版畫的發展

　　1917 年，山本鼎（1882–1946）、織田一磨（1882–1956）等人發
起成立創作版畫協會；1919 年舉辦第一回展覽，成為日本最早的綜

合性版畫展覽會。山本鼎在木刻技法上是頂級人物，織田一磨則是
最早確立創作版畫的人，寺崎武男在銅版畫中顯示出堅實的功力，
他們的創作版畫運動提高了人們對版畫的普遍興趣。

　　新一代會員之中，值得注意的一人，是早年為漫畫家的前川千
帆（1889–1960），其版畫也採用了漫畫手法。1927 年，帝展正式接
受版畫參展。但因普及化而出現粗製濫造的現象，導致昭和初年格
調下降，1930 年一批銅版畫家和石版畫家創立洋風版畫協會，次年
創作版畫協會聯合洋風版畫協會及其他畫家成立了日本版畫協會。
1935 年，東京美術學校終於設置版畫教研室，培養了一批在戰後成
名的版畫家。但在戰爭的陰霾下，版畫創作處於停滯狀況，直至日
本戰敗，才進入另一個新階段。

第八章

從政治到文學

宮廷和權力場的女性

日本的女王和女天皇

　　日本歷史舞台上，曾有兩位女王和六位女天皇（其中二人還兩次即位），人數之多，居世界之冠。這個「女帝之最」的國家，在世人眼中竟是個「男性天堂」。「大和撫子」是日本女人的美稱，是否適宜用在這些女性的身上，那就見仁見智了。

一、卑彌呼和壹與

　　日本列島約於二世紀後期形成一個古國，稱為邪馬台國。據中國史書《三國志‧魏書》〈東夷傳〉（通稱《魏志》〈倭人傳〉）的記載，邪馬台國約有七萬餘戶，共立一女子為主，名為卑彌呼，有婢千人服侍，「事鬼道，能惑眾」。當時邪馬台國已有雛形的國家機構、軍隊和法律，且統轄附近 20 幾個小國。公元 239 年，卑彌呼遣使到中國北方魏國的洛陽，獲得「親魏倭王」的封號。[1]

　　公元 247 年，卑彌呼死後，國中更換男王，引起內亂，結果立卑彌呼的宗女壹與（亦作壱與）為王，才恢復安定。壹與曾數次派遣使者到魏國，並贈送方物。

1　邪馬台國曾四次遣使曹魏，第一次的使者是難升米等人，獻奴婢、斑布等，魏明帝賜難升米為率善中郎將。

二、推古天皇

日本第一位女天皇是推古天皇（554–628），是欽明天皇之女，593–628 年在位。她是一位政績斐然的女統治者，重用聖德太子進行改革，604 年訂定《憲法十七條》，這是日本史上第一部較完整而具體的中央集權制政治綱領。607 年以小野妹子為遣隋使，帶領數十人到中國學習。在位期間，日本曾數次發兵朝鮮半島新羅。

推古天皇首倡佛教，採取振興佛教的政策。聖德太子親自向來自高麗的僧人學習佛經，然後向推古天皇逐句講解。當時興建了很多佛教寺院，著名的有法隆寺、四天王寺、中宮尼寺等。

三、皇極 / 齊明天皇

日本史上著名的「大化革新」，則與另一位女天皇 —— 皇極天皇（594–661）有關。641 年至 645 年在位時，豪族蘇我氏專權，以中大兄皇子為首的皇族希望採用中國唐朝先進的制度來解決日本國內的困難，皇極天皇本欲將皇位傳給兒子，但年輕的中大兄皇子讓位給舅父，是為孝德天皇（596?–654），年號大化，實行新政改革。其後孝德天皇病逝，皇極天皇再次登基，改稱齊明天皇，655–661 年在位，立中大兄為太子，繼續新政。

四、持統天皇

「大化革新」後 40 多年，至 690 年，另一位女天皇持統天皇（645–702）即位，將「大化革新」的成果合法化。她組織人力制定法

典，定名為《飛鳥淨御原朝廷令》；數年後加以增訂，而成著名的《大寶律令》。持統天皇還實行政治改革，加強官僚體制；又在掌握全國人口、土地的情況下，落實班田制。697 年改稱太上皇。《萬葉集》中有她所作的詩歌。

五、元明天皇

元明天皇（661-748），天智天皇四女，707 年至 715 年在位。她掌握國政後，決定遷都奈良。重視佛教，遷都時將法興寺、元興寺、川原寺等佛教寺院一道遷移，結果使新都成為佛教聖地。政績頗多，例如禁止地方豪強、寺院多佔田野，獎勵和推廣養蠶業、絲織手工業，鑄造「和銅開珎」銅錢，命太安萬侶完成《古事記》等。715 年讓位給她的女兒元正天皇。

六、元正天皇

715 年至 724 年間，另一位女天皇元正天皇（680-748）在位時，繼續制定國家法典，在《大寶律令》的基礎上增補而成《養老律令》。她又鼓勵人民墾荒，增加耕地；官方進行撰寫正史，完成了《日本書紀》。

七、孝謙／稱德天皇

孝謙天皇（718-770）亦即稱德天皇，是聖武天皇之女。兩次在位，一次是 749 至 758 年間，稱孝謙天皇；另一次是 765 至 770 年

間，改稱為稱德天皇。她熱心佛教事業，親自主持了東大寺盧舍那佛（即如來佛）巨型銅像的開光典禮。當時中國鑒真和尚東渡日本，傳播佛教律宗，孝謙天皇對他說：「自今以後，授戒傳律，一任和尚。」又賜田地，建寺院，大力贊助佛教的傳播，其事載於《唐大和上東征傳》。[2]

孝謙天皇又推崇中國儒學。留唐學生吉備真備（695–775）以《顏氏家訓》為藍本，糅合佛學和儒學，編纂了一本名為《私教類聚》的訓道書，受到孝謙天皇的賞識。757 年，孝謙天皇又下令天下「家藏《孝經》一本」，舉國上下「精勤誦習，倍加教授」。由於她的提倡，日本掀起了佛儒合流的熱潮。

孝謙天皇退位期間，結識了河內（在今大阪府）僧人道鏡（？–772），請他入宮講經；她復位後任命道鏡為太政大臣禪師，更授以太政大臣法王稱號。後來道鏡覬覦皇位，被光仁天皇貶到下野（今櫪木縣）藥師寺。

2　《唐大和上東征傳》又稱《鑒真過海大師東征傳》，淡海三船著，779 年成書，內容包括：鑒真應日僧榮睿、普照等邀請東渡，幾經挫折後抵達日本，傳佈律宗，在東大寺設戒壇，以及建唐招提寺的經過等。

表 8-1 　日本女天皇系譜

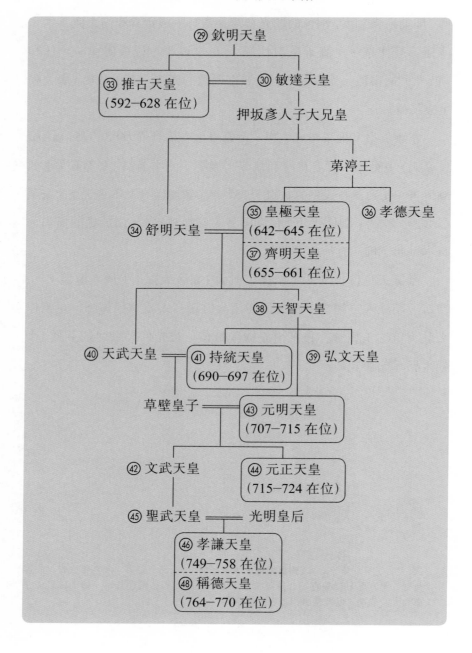

平安時代的著名女官

平安時代是以平安京（京都）為都城的歷史時代，始於 794 年
（延曆十三年）桓武天皇遷都平安京，至 1185 年（文治元年）鎌倉幕
府成立為止，凡 390 餘年。

平安時代的社會，日本學者大多認為具有普遍奴隸制向封建制
過渡的性質。其間有三個著名女官，一是《源氏物語》的作者紫式
部，一是《枕草子》的作者清少納言，三是《和泉式部日記》的作者
和泉式部。

一、紫式部

紫式部是平安中期的女作家、歌人，「紫式部」為宮中女官名，
一說名香子。她的父親是越前守藤原為時，母親是攝津守藤原為信
之女。紫式部三歲喪母，996 年（長德二年）隨父住越前，幼承父教；
999 年（長保元年）嫁藤原宣孝，生女賢子，即大貳三位。但結婚僅
二年，丈夫病逝。她深感人生無常，為排遣憂愁，開始寫《源氏物
語》，前半部撰成後，手抄本即流傳於世。

1005 年（寬弘二年），紫式部入宮，奉侍一條天皇的中宮藤原彰
子，進講《白氏文集》、《日本書紀》，深得恩遇，其間完成《源氏物語》
後半部。著作還有《紫式部日記》和《紫法部集》。

《紫式部日記》又名《紫日記》，記述作者奉侍藤原彰子時的所見
所聞，由 1008 年至 1010 年，而以 1008 年（寬弘五年）最為詳細。

京都源氏物語博物館前的紫式部像

主要事件包括藤原彰子生敦成親王、敦良親王的情景，慶賀重陽節和賀茂祭（又稱葵祭）的盛況等，對宮中女官的容貌、才華、性格、教養、為人處世，以及對和泉式部、赤染衛門、清少納言等人的評論。

《紫式部集》又稱《紫式部家集》，約成書於長和年間（1012－1016 年），收歌作 123 三首，以祝賀、別離、羈旅、哀傷、雜詠、贈答居多。歌調高亢明朗、幽默潑辣，是研究紫式部生平的重要參考材料。

二、清少納言

清少納言是平安時代中期女隨筆家、歌人，與紫式部齊名。其父名清原元輔，她曾任宮中「少納言」（官名），故名清少納言。出身於世代文官家庭，精通和漢之學。16 歲時與橘則光結婚，後離異。

993 年（正曆四年）仕於一條天皇妃定子，1000 年（長保二年）定子死後離宮，成為前攝津守藤原棟世的繼室。晚年生活清貧，出家為尼。著有隨筆《枕草子》、歌集《清少納言集》。傳世的和歌有 50 餘首，部分載於《後拾遺和歌集》、《詞花和歌集》、《千載和歌集》、《玉葉和歌集》等敕撰集中。

三、和泉式部

和泉式部（約 978–1034）是平安中期女歌人、日記文學作家，越前守大江雅致之女。20 歲時與和泉守橘道貞結婚，999 年（長保元年）進宮侍奉皇太后，因先後與冷泉天皇皇子為尊親王、敦道親王兄弟熱戀，致與丈夫關係破裂而離異。1009 年（寬弘六年），應藤原道長之召，奉侍其女上東門院藤原彰子，翌年與藤原道長管家藤原保昌結婚。晚年喪子失夫，生活於寂寥哀傷之中。

和泉式部擅和歌，與紫式部、清少納言合稱「三才女」。多有戀歌及晚年孤愁之作，收入《和泉式部集》正二卷、續五卷，其作品熱情質樸，有較濃的抒情色彩。《拾遺和歌集》以後的敕撰集，收錄她的和歌 248 首。《和泉式部日記》又稱《和泉式部物語》，一卷，約成書於 1008 年（寬弘五年）。內容是寫 1003 年（長保五年）間，和泉式部正為已故的為尊親王哀悼時，收到敦道親王派人送來的花束，便作「返歌」酬答。二人的友情隨着書信往還而日漸加深，不久為人知曉，宮中議論紛紛，敦道親王決意接她入邸，在周圍人們的非議和中傷當中，他倆開始了戀愛生活。日記以回憶手法，記述這段

只有 10 個月的戀情，當中有兩首短歌和 144 首贈答歌，文筆豔麗流暢，描寫細緻入微，塑造了一對青年男女不畏閒言閒語，勇敢而執着地追求幸福生活的愛情表現。

四、赤染衞門

1010 年，藤原公任編和歌集《三十六人撰》，收錄平安中期以前三十六位歌人的作品，後世稱作「三十六歌仙」，赤染衞門是其中之一。她是右衞門尉赤染時用之女，自幼學習和歌。1004 年（寬弘元年），赤染衞門協助丈夫大江匡衡撰寫上天皇奏摺，因其中的逸話而知名。丈夫去世後，於 1015 年（長和四年）出家，而仍經常出席歌會，其作品以穩建著稱，有《赤染衞門集》，或謂曾作《榮華物語》前編。《拾遺和歌集》等敕撰集收錄她的作品 93 首，所作「望穿秋水 / 終宵不寐 / 皓月西垂 / 伊人不來」，作為「秀歌」選入《小倉百人一首》。

五、藤原道綱母

與紫色部同時代的女文人，除了和泉式部外，還有一位貴族婦女藤原道綱母 (936?–995)，又名藤原倫寧女。其父為地方官吏。954 年（天曆八年）為關白佐藤原兼家的側室，翌年生藤原道綱；990 年（正曆元年）丈夫去世，她開始撰寫《蜻蛉日記》，真實地記錄了自己半生的體驗，並開始對個性和個人的內心進行文學探索。有家集《付大納言殿母上集》及《道綱母集》，《拾遺和歌集》以後各集，收錄她的和歌 37 首。

　　平安時代的皇室慣常招納有才華的中層貴族婦女，作為陪侍后妃或公主的女官，這些女文人目睹宮廷和大貴族的生活狀況，又有機會提高自己的文化教養，因而寫出一批傑出的作品，在日本女性文學史上留下輝煌的成績。當時的婦女能夠不拘形式地用假名文字自由寫作，因而達到文學創作的高峰；一般男性則認為不應該使用假名文字，否則有失身份。平安時代文學以女性表現較為傑出，這是主要的原因。

古代最具權勢的女性

一、源賴朝之妻：「尼姑將軍」北條政子

　　北條政子史稱「尼姑將軍」，是源賴朝的妻子。生於伊豆豪族之家，其父北條時政原為平氏武士，曾任伊豆國左廳官人，後來協助源賴朝建立鎌倉幕府。

　　1177 年（治承元年），北條政子與流亡中的源賴朝私定終身。1199 年（建久九年）源賴朝病死，她削髮為尼。其長子源賴家為第二代將軍，不通政務，幕政遂由她操控。1202 年（建仁二年），裁定在御家人中推舉十三名元老參政，建立幕府「執權合議」制。

　　1203 年廢黜源賴家，立次子源實朝為第三代將軍。1219 年（承久元年）源實朝（1192–1219）被刺身亡，乃奏請朝廷，迎立與源氏

有血緣關係的九條賴經（藤原賴經，1218–1256）為將軍，自己垂簾聽政，獨攬幕府大權。

北條政子執政期間，扶持北條氏家族，為北條氏執權專制，奠定了基礎。1221年承久之亂發生，她指揮御家人迅速平定戰亂，鞏固了鎌倉幕府的統治。

承久之亂是鎌倉幕府與朝廷之間發生的一場戰亂。1199年（正治元年）源賴朝去世後，幕府內部局勢不穩，時常發生爭權奪利的事情。朝廷勢力以後鳥羽上皇為首，欲乘機推翻幕府，1221年5月，在京都集結御家人和地方武士7,000餘人，舉兵討伐北條義時（執權）；各地武士和地方豪族，紛紛起來響應。幕府分三路大軍西征，迅速佔領京都，繼而圍殲反對幕府的地方武士和豪族，不到一個月便平定了亂事。

鎌倉幕府沒收了皇室部分領地，及參與倒幕的朝臣、武士的莊園3,000餘所。後鳥羽上皇流放隱岐島，順德上皇流放佐渡島，土御門上皇流放土佐（今高知縣）的阿波；又廢黜仲恭天皇，擁立後堀河天皇，並規定皇位的繼承，須得幕府認可。在京都六波羅設兩府（六波羅探題），加強控制朝廷和畿內地區的武士。自此鎌倉幕府政權得以鞏固，並確立了北條氏的執權政治。

二、引發戰國時代的日野富子

日野富子（1440–1496），日野政光之女，是室町幕府將軍足利義政（1436–1490）的妻子。初時無子，足利義政決定立其弟足利義

視（1439–1491）為嗣；翌年生足利義尚（1465–1489），因欲立他為將軍，借山名宗全（1404–1473）之力，與擁戴足利義視的細川勝元（1430–1473）對立，導致應仁之亂。

日野富子為了聚蓄財富，設新關卡課稅，接受賄賂，參與高利貸，及經營米穀生意等。這些活動，對足利義政的幕政有很大影響。

應仁之亂又稱應仁文明之亂，是 1467 年（應仁元年）至 1477 年（文明九年）間，以京都為中心，波及全國領土集團的一場大混戰。室町中期以後，幕政腐敗，各守護大名之間的對立日趨尖銳，災害和饑饉頻仍。1467 年因將軍繼嗣問題，幕府內部勢力分裂，形成兩個對立集團，分別以細川勝元和山名持豐（即山名宗全）為首。山名持豐是細川勝元的岳丈。這年 5 月，雙方發生激戰。畿內、北陸、四國、中部日本的守護大名，大多參加細川氏的東軍；山陽、山陰、東山、東海等地的守護大名，則多參加山名氏的西軍。東軍集二十四國約 16 萬兵力，西軍集二十國約九萬兵力，在京都戰場開戰，逐漸波及全國。

東西兩軍形成東幕府、西幕府之勢，但戰局處於膠着狀態，1473 年（文明五年）細川勝元、山名持豐去世，山名持豐的外孫細川政元（1466–1507）繼細川氏之位，兩氏至此講和，但諸將之間的戰鬥仍然持續。同年，足利義尚繼將軍職，日野富子輔助他進行和睦交涉，西幕府於 1477 年底解散。

戰亂歷時十年，結果幕府、守護大名及殘存的莊園制迅速瓦解，日本進入戰國時代。貴族在戰時逃難到各地，促進了地方文化的普及。

三、春日局：日本後宮史上最強的女人

　　春日局（1579–1643）是德川幕府第三代將軍德川家光（1604–1651）的乳母，本名福，其父為齋藤利三（1534–1582），丈夫是稻葉正成（1571–1628）。她由幕府官吏板倉勝重（1545–1624）推舉，成為德川家光的乳母，並竭盡全力，為他爭取繼承將軍職位。

　　德川家光於 1623 年繼位為第三代將軍後，她成為「大奧」（老夫人），權貴於天下，且得到拜見天皇的資格。春日局晚年在湯島得到賞地，建造天澤寺，由德川家光供奉 300 石領地，該寺的等級同於菩提寺。

第九章

和洋接觸

早期日本與西方的關係

早期日本與西方的關係，首先見於槍炮的傳入和西教士踏足日本，前者屬於物質文明，後者則代表精神文明。其次，要留意早期基督教（天主教）在日本傳播的情形，以及後來如何導致日本禁教和鎖國。另外值得注意的是蘭學的形成和發展。

　　蘭學的先驅人物是新井白石，前野良澤和杉田玄白共譯的《解體新書》成為蘭學的標誌，大槻玄澤培育了大批弟子，成為當時蘭學的主流。其後蘭學官學化，就發展成為幕末洋學。

　　十八世紀後期，西方勢力相繼東來，英、法兩國爭持之後，美國艦隊前往叩關，終至日本開國。在內外問題衝擊下，明治維新使日本走上近代化之路。

槍炮傳入和西教士到來

一、槍炮初傳到日本

西洋物質文明最早輸入日本，是在 1543 年，有一艘葡萄牙船漂流到日本的種子島，傳入槍炮。領主種子島時堯（1528–1579）命家臣篠川小四郎研究槍炮的製法，但製造槍炮的底部有困難；次年，家臣金兵衞尉清定從一外來的商人學會了製造方法，在一年多時間內製了數十枝，各地爭相仿製。其影響有三：一，各地大名爭相學習，製造槍炮。二，成立鐵炮隊，建築高而厚的石城。三，以新式武備決定優劣、強弱，帶來全國統一的機運。豐臣秀吉完成了統一日本的大業。

二、耶穌會士的活動

西洋精神文明最早輸入日本，是在 1549 年，這一年在中國，就是明世宗嘉靖二十八年。耶穌會創始人之一的方濟各・沙勿略（St. Francis Xavier, 1506–1552），從印度到日本的鹿兒島從事傳教活動。他在九州各地、山口、京都等地傳播天主教，最早在山口建立教會。這比明末第一位來華的西教士利瑪竇（Matteo Ricci, 1552–1610）於 1582 年到中國（明神宗萬曆十年），還要早 30 多年。方濟各從印度經錫蘭（斯里蘭卡）到馬來亞，再抵達日本，逗留了兩年，然後轉到印度。他想進入中國，但病死在澳門附近的上川島。

　　此後 100 年間，西方文化逐漸傳入日本。日本人稱西洋為「南蠻」，西洋人為「南蠻人」，教堂為「南蠻寺」，西洋之學則稱「南蠻學」。南蠻船、南蠻貿易，一方面將中國的絹織物、南洋的香料和歐洲的毛織品、時計、玻璃製品、鐵炮帶到日本；另一方面，則將日本的銅、金、銀、刀劍、漆器、屏風帶到外國。

早期基督教在日本的傳播情形

一、傳教和介紹西方文化

　　1549 年（天文十八年），方濟各・沙勿略到達鹿兒島，得到領主島津貴久（1514–1571）的許可，着手傳教，是基督教傳入日本的開始。沙勿略留在日本兩年多，傳教事業尚算順利，因而向耶穌會建議，派遣有能力的會士到日本。這奠定了耶穌會在日本發展的基礎。此後，西教士不斷赴日，在大舉佈教的同時，將西洋繪畫、音樂、建築、醫療技術、地理知識帶入日本，使日本民眾開始接觸歐洲文化。西教士在傳教和介紹西洋文化之外，也從事慈善工作。

　　當時不僅有中下層百姓受洗入教，西南地區的一些領主大名也參加，出現了一批「基督教大名」。教士們還分別獲得著名武將織田信長的朱印狀和將軍足利義昭的傳教許可證，取得在所轄領地內的一切活動自由。

二、日本派出遣歐使節

1582 年（天正二年），日本的天主教信徒已達 15 萬人，大小教堂 200 餘座，教士 75 人，形成了以九州、京都為中心的廣大佈教區。這年 2 月，北九州有三個大名，大友宗麟（1530–1587，教名 Francisco）、大村純忠（1533–1587，教名 Bartolomeu）、有馬晴信（1567–1612，教名 Protasio）派遣使節前往教廷，共有四人，均為年輕武士。他們先到葡萄牙、西班牙，然後到羅馬見教皇（Pope Gregory XIII, 1502–1585），並參加了新教皇的就職典禮，至 1590 年 6 月返抵日本。這是日本人的足跡到達歐洲之始。史稱「天正遣歐使節」。該團正使為伊東滿所（伊東マンショ, Itō Mancio），出發時年 13 歲、千千石彌開羅（千千石ミゲル, Chijiwa Miguel），13 歲；副使為中浦裘麗安（中浦ジュリアン, Nakaura Julião），14 歲、原馬羅奇諾（原マルチノ, Hara Martinho），13 歲。

十七世紀初，全國天主教徒增至 75 萬人，成為不可輕視的一股社會力量。

日本禁教和鎖國

基督教的傳入，動搖了幕府以儒教為主，糅雜佛教、神道思想的精神統治，使西南大名的離心傾向增強。下層羣眾亦有以基督教為旗幟，掀起反對封建領主的武裝暴動。終使統治者決心以鐵腕

手段禁絕西方宗教在日本的傳播，甚至不惜進行「鎖國」。1587 年
（天正七年），豐臣秀吉發佈《禁教令》，禁止天主教在日本的傳播。
1587 年在中國，就是明神宗萬曆十五年。

　　進入江戶時代，德川幕府採取更嚴厲的禁教政策。從 1612 年
（慶長十七年）起，幕府將軍德川家康再次禁教，以後又大肆捕殺傳
教士和信徒，並於傳教地區強制執行旨在判別宗教信仰的「踏繪」制
度，通過踐踏聖像，搜尋漏網信徒。此外還強令百姓到佛教寺院登
記成為施主，由僧侶代行管理民眾戶籍和信仰的職責。

　　1639 年（寬永十六年），江戶幕府下達最後一個鎖國令，終使基
督教在長達 200 多年時間裏，銷聲匿跡。不過，仍有一些秘密的地
下宗教活動持續進行，直至近代。

蘭學的形成和發展

一、蘭學的先驅人物

　　日本在十七世紀前期實行禁教。1633 年至 1639 年間，德川幕
府先後五次頒佈禁教令，實行鎖國政策。南蠻文化基本上消失，但
其影響及於日本的「實學」，而成為「蘭學」的準備。

　　蘭學的先驅者，是新井白石（1657–1725）。他是幕府的重臣、
將軍的顧問，曾寫成《西洋紀聞》和《采覽異言》等書，探索西方國

家，是日本研究西方的先驅。《西洋紀聞》批評天主教「荒誕淺陋，不值一辯」；但同時又讚歎西洋科學成就，認為「天文地理之事，似有不可企及者」。《采覽異言》是日本最初的、系統的世界地理學書。蘭學家大槻玄澤（1757–1827 年）指出：「荷學之一途，草創於新井白石先生。」

蘭學作為一個歷史名詞出現，是在十八世紀後期。前野良澤（1723–1803 年）、杉田玄白（1733–1817 年）等人以三年的努力，轉譯荷蘭譯本的解剖書，1732 年德國學者原著的《解體新書》譯本於 1774 年刊行，成為蘭學的標誌。他們直接以蘭學為媒介，開闢了真正研究和移植西洋學術之路。

杉田玄白在其回憶錄《蘭學事始》中寫道：他們將翻譯這本醫學著作視為從事新學問的「創業」，並將其所從事的學問研究，稱為「蘭學」。蘭學的內容包括：醫學、天文學、曆法學、地理學、博物學、物理學、化學、兵學、炮術學等。

1786 年，大槻玄澤在江戶開辦蘭學塾「芝蘭堂」，教育弟子，40 年間，門人達 94 人，成為當時蘭學的主流。1783 年寫成《蘭學階梯》，而《病醫新書》和《重訂解體新書》兩種是繼承其師杉田玄白的遺業而完成的。此外，還有稻村三伯（1758–1811 年）《波留麻和解》（1796 年），是最早的蘭日辭典。

二、日本研究的西傳和影響

德國人西博爾德於 1828 年任期結束準備回國時，所攜行李中發現違禁資料，1830 年被逐出國。他是日本荷蘭商館的醫官，兼有對日本進行綜合研究的使命。開診所和學塾，講授西洋醫學及一般科學知識，並進行臨床講解。1859 年再度到日本，至 1862 年回國。著有《日本》(*Nippon, An Archive for the Description of Japan*, 1832–1851) 一書，是對日本進行系統研究並將日本知識介紹給歐洲的第一人。另著有《日本植物誌》、《日本動物誌》等。

受其影響的日本人，主要有兩人。第一位是林子平 (1738–1793) —— 他致力於研究海防，1785 年寫成《三國通覽圖說》，是日本鄰近三國（朝鮮、琉球、蝦夷）的軍事地理書。1786 年的《海國兵談》，海國指日本，是以對外防備為目的的兵書。第二位是本多利明 (1744–1821) —— 他提出富國強兵論。其《經世秘策》論述開發國內、採掘金銀、掌握商業貿易、開發屬島等策略；另外還有《西域物語》，強調海防的必要性。

三、蘭學的發展和挫折

蘭學影響所及，有三點值得注意。第一，中國作為理想之邦的信念開始動搖。第二，傳統的華夷觀念漸漸被拋棄。第三，對封建制度進行批判，以人類平等觀念否定身份等級制度。但有三個事件，使蘭學受挫：一是 1787 年「寬政改革」，推行尊朱子學，嚴禁異學，

因而有 1790 年「寬政異學之禁」。二是 1828 年發生「西博爾德事件」(Siebold Incident)[1]，1830 年西博爾德被逐出境。這是幕府首次大規模鎮壓洋學事件。三是 1839 年發生「蠻社之獄」，開明的洋學者「尚齒會」成員被判獄，或自殺。尚齒會成立於 1832 年，又稱蠻社，1837 年因發生炮擊美國「馬禮遜號」事件，洋學者批評幕府，結果被嚴厲鎮壓。

其後蘭學官學化，發展而為幕末洋學。幕府鑒於外交事務日增，開始設局翻譯有關文獻，1855 年獨立為「洋學所」，其後改稱蕃書調所、洋書調所、開成所，最後併入 1877 年成立的東京大學[2]。

四、中日兩國的差別

馬厄利爾・詹遜 (M. B. Jansen) 撰《日本及其世界：二百年的轉變》(*Japan and Its World: Two Centuries of Change*) 一書，指出中日「兩者之間重要的區別在於，清朝皇帝雖然未曾正式與西方「隔絕」，但無所作為，並不像日本人那樣利用長崎的荷蘭人駐地有系統

---

[1] 西博爾德於 1826 年隨荷蘭商館館長赴江戶，與幕府官員有交往，並從高橋景保處換得江戶中期地理學者伊能忠敬繪製的日本地圖 (1816 年完成)。1828 年西博爾德準備回國時，因行李中有違禁資料，高橋景保涉嫌被捕，後死於獄中。伊能忠敬曾隨高橋景保的父親高橋至時學習曆學，當時沙俄侵略日本北方，他痛感海防的重要性，向幕府申請測量蝦夷地 (北海道)，於 1800 年獲准率隊進行測量。其後實測全國，繪成日本輿地全圖。西博爾德的門生、故舊，多受處罰。1858 年 (安政五年)，《日荷通商條約》簽訂後，翌年西博爾德再度到日本，至 1862 年回國。

[2] 東京大學是日本最早的國立大學，創立於 1877 年，有法、理、文、醫四個學部和預科。1886 年，據《帝國大學令》改組為帝國大學。1897 年因設立京都帝國大學，改名為東京帝國大學。第二次世界大戰後，於 1947 年改名東京大學。

地汲取西方知識，而且中國也沒有像日本個別知識分子那樣着迷於西方知識及其運用的人。」[3]

日本人的世界觀在 1770 年代開始發生決定性的轉變。1771 年，杉田玄白醫生親臨解剖一名被處決犯人的屍體後，檢驗「青茶婆」的內臟結構，證明了一本荷蘭解剖學的理論書籍是正確的，而中國醫書是錯誤的。翌年，他撰寫了一部題為《狂醫言論》的對話體的書，其中他顯然以痛快的態度同中國整個文化傳統處於對立的地位。其回憶錄《蘭學事始》稱：「我們發現，肺和肝的結構、胃的位置和形狀，都與我們按照古老的中國理論所認識的情形出入很大。」

日本國內最早的一部蘭日辭典是《波留麻和解》（亦稱《江戶波留麻》），根據荷蘭哈爾瑪（F. Halma, 1653−1722）編《荷法辭典》，歷時十三年譯成，1796 年（寬政八年）出版，1806 年（文化三年）出增補版，是日本吸收西歐近代科學技術和進行開創性研究的啟蒙工具書。

西力衝擊與日本開國

十八世紀後期，西方勢力相繼東來，俄國、英國、法國、美國先後與日本接觸，結果由於培里（Commodore Matthew C.Perry,

---

3　此書由柳立言譯為中文，商務印書館（香港）有限公司 1987 年出版。

1794–1858）叩關，日本對外開放。開國初期，日本與西方國家簽訂條約，建立通商友好關係，但衝突仍時有發生。

一、英俄兩國的爭持

西方勢力對日本的衝擊，其實並非始自 1853 年美國人培里叩關。在此之前半個世紀，即 1792 年，俄國派使節到日本要求開港通商；1764 至 1854 年的九十年間，俄、英、法、美等與日本接觸多達 52 次。其中以英、俄兩國最為頻繁，英國有 19 次，俄國有 17 次，俄國且被視為日本「北邊之警」。鴉片戰爭後，日本江戶幕府深感威脅，1842 年改變炮擊一切外國船的強硬態度，允許外國船在日本港口加煤上水。不過，日本此時仍然堅持十七世紀中期以來的鎖國政策。

1778 年，俄商人到日本的松前藩（今北海道）要求通商。1792 年，俄女皇命人攜西伯利亞總督之函，到日本北海道，要求開港。1798 至 1799 年，幕府把東蝦夷地（今北海道東部和南千島）劃為直屬領地，派 180 人考察團到國後、擇捉考察，在擇捉設立「大日本惠登呂府」[4] 界標。1801 年，幕府又派人至撫島樹立「天長地久大日本屬島」牌柱。1804 年，俄使臣攜國書南下至長崎叩關，遭拒。1811 年，俄軍艦少校在國後島登陸被捕，至 1813 年始獲釋放。

1808 年，英艦入長崎。1818 年，英艦到浦賀港（今橫須賀之一部），並測量海域。1824 年，英艦兩艘至水戶藩（東北）登陸，要求

4　惠登呂府為「擇捉」的漢文音標。

通商,與藩兵發生衝突。同年,英船停泊薩藩寶島,射殺水牛並與島民發生流血衝突。1825 年,幕府發佈《驅逐令》,命令對一切擅自靠岸的外國船隻進行炮擊。1837 年,美國船「馬禮遜號」(*Morrison*)把漂流海外的七名日本漁民送至浦賀,企圖與日本通交,也遭炮擊。蘭學家高野長英(1804–1850)等對這種作法提出批判。1842 年,幕府改採緩和措施,取消《驅逐令》,改頒《薪水給與令》(對外國船隻供給薪、水、糧食後令其離開)。

二、美國的活動

1848 年美國佔領加利福利亞,領土直達太平洋。至此,美國力圖開闢太平洋航線代替歷來橫渡大西洋、繞道好望角的漫長航程。但汽船還不能一次裝足橫渡太平洋的煤炭,沿途必須加煤,再加上捕鯨的利益和船隻日益增多,美國急需在日本附近建立停泊港,於是成為強迫日本開國的急先鋒。

1853 年(嘉永六年)7 月 8 日,培里駛抵江戶灣的浦賀港。在此之前,他已在琉球那霸強行建立軍事基地。4 艘載有 500 兵的美國船,至江戶則傳為十艦 5,000 兵,至京都更盛傳軍艦百艘,士兵 10 萬。人心紛亂,恰如鼎沸。7 月 14 日,幕府接受美國國書,並答應在一年內作覆。

培里叩關及其後的發展,大致如下:1853 年 7 月,培里率領軍艦 4 艘,強行駛入東京灣的浦賀港。1854 年 3 月,訂《日美親善條約》(《神奈川條約》)。內容:(1) 美國船可駛進下田、函館兩港裝添

煤炭、糧食、淡水；(2) 日本政府不限制到日本的美國人的自由，並予以優待。

1858 年，美國總領事哈里斯 (Townsend Harris, 1804–1878) 與日本簽訂《日美友好通商條約》。內容：一、開放函館、神奈川、長崎、新潟、兵庫五港通商；二、輸入日本的貨物及輸出日本的產品，實行協定稅率；三、美國在江戶派駐外交代表；四、美國在日本享有建立類似租界的居留地和領事裁判權等特權。

荷、俄、英、法等援例，迫日本訂立相類似的條約。日本主權、領土完整、關稅自主均受到破壞。1861 年，俄軍艦進擊對馬島，企圖永久佔領，但受抵抗而未得逞。1863 年，英、法借口保護僑民，派軍進駐橫濱，建立兵營和彈藥庫，橫濱港形同英國的軍港。1864 年，英、法、美、荷四國聯合艦隊，以報復前一年長州藩炮轟外國船為由，炮擊下關，並乘機迫使幕府簽訂改稅協定，降低主要商品的進口稅。1867 年，幕府為苟延殘喘，不惜加緊投靠法國。

日本對西方的重要性有二：第一，在交通方面，日本是太平洋航路的中繼站。第二，在策略方面，西方國家在東方有龐大的權益，而日本則是這些權益的前哨，如果西方國家退卻，日本就將變成俄國的一部分。

三、各國對日本的行動

俄國得知消息後，亦派海軍出發。俄軍出發日期是 1852 年 10 月 7 日，美軍出發日期是 1852 年 11 月 24 日。（美國汽船速度快，

俄在英國增購新艦。）1853 年 8 月 22 日，培里離開日本後一個月，俄 4 艘軍艦進入長崎，提出要求，但當時因克里米亞戰爭爆發，形勢對俄不利，乃轉航上海，圖謀與當時正在上海附近的培里艦隊共同行動，結果被拒。1854 年 1 月 3 日，俄軍艦再到長崎，與日本代表談判，遭拒。2 月 13 日，培里再次到日本。3 月 8 日在神奈川談判；3 月 31 日，簽訂《神奈川條約》。10 月 14 日簽訂《日英條約》。1855 年 2 月 7 日，簽訂《日俄條約》：治外法權；日俄在千島羣島的國界：擇捉島及其以南為日本領有，得撫島及其以北為俄國領有。

1856 年，日本成立蕃書調所。8 月 21 日，紐約商人哈里斯要求下田設立領事館。1857 年 6 月 7 日，簽訂《日美條約》（又稱《下田條約》）：有關開放長崎事宜。1858 年 7 月 29 日，簽訂《日美修好通商條約》及《貿易章程》（稱為《江戶條約》）。1858 年，續與英、法、俄、荷訂約。這年是安政五年，所以合稱為《安政五國條約》。1858 至 1859 年，「安政大獄」，遭迫害者近百人，幕末著名思想家、尊攘派志士吉田松陰（1830–1859）被處死。

1860 年，日本遣使赴美，交換條約批准。1863 年初，尊攘派策動皇室公卿三條實美（1837–1891）等人以天皇名義迫令幕府定期宣佈「攘夷」（閉港、廢約、驅逐外國人）。1 月 31 日，長州藩尊攘派領袖高杉晉作（1839–1867）放火焚燒正在施工的英國公使館。6 月初，幕府被迫同意攘夷，聲稱將於 6 月 25 日佈告天下。（因為「征夷大將軍」的存在就是要「征夷」，否則要挾打倒幕府。）英法「抗議」，並要求派兵進駐橫濱，幕府屈從。

四、下關戰爭和生麥事件

1863 年 6 月 25 日，長州藩炮打通過下關海峽的船。7 月上旬，法軍艦、荷軍艦前赴日本。1863 年 7 月 16 日，美艦擊毀下關炮台，擊沉長州藩軍艦 2 艘。法海軍 250 人登陸，徹底破壞炮台。日本史上稱此為「下關戰爭」。

另外，高杉晉作組織家臣團（武士）、鄉勇隊（農兵）、市勇隊（商兵）、金剛隊（僧侶）、狙擊隊（獵戶）、維新團（賤人）、勇力隊（角鬥士），共 50 至 60 種，統稱「長州藩諸隊」。

「奇兵隊」則在 1863–1870 年間設置。相對於藩軍（正兵）而言，定員 300 人，後增至 500，實際上為 300–400 人。在 1864 年，武士佔 43%、庶民 33%、其他則為 24%。

至於生麥事件是江戶末年的外國人的殺傷事件。1862 年 8 月，薩摩藩主島津忠義（1840–1897）之父、施行幕政改革的島津久光（1817–1887），從江戶歸國途中，經過橫濱附近的生麥村之際，行列被騎馬的 4 名英人所亂，即以此為由，薩摩藩士斬殺 1 人，傷 2 人。英國向幕府要求處罰犯人及支付賠償金，幕府支付 10 萬英鎊，但薩摩藩當時攘夷運動正盛，拒絕要求。次年，英國艦隊報復，薩英戰爭爆發。薩藩轉而為開國及對英國接近的方向。

1863 年 8 月 15 日，英藉口前一年發生的「生麥事件」而向薩摩藩挑起「薩英戰爭」。7 艘英艦摧毀鹿兒島炮台，焚燒市區。9 月 5 日，英、美、法、荷四國聯合艦隊進攻下關。計有軍艦 17 艘、炮 288 門、兵 5,014 人。長州藩被迫屈服，奇兵隊解散，高杉晉作逃亡。

1866 年，日本全國各地農民起事 106 起，城市騷動 35 起，連同其他共 185 起。高杉晉作主張在無損「國體」的情形下開放下關（港口），集中加量打擊幕府，是為「開港戰略論」。長州藩成為倒幕據點，起用大村益次郎（1824–1869）改革軍制，改用新式步槍，士兵中增加平民成分。1866 年，薩摩藩的西鄉隆盛（1828–1877）、小松帶刀（1835–1870）與長州藩的木戶孝允（1833–1877）（即桂小五郎）商訂盟約，決心為實現維新，不惜以武力與幕府對抗。這就是日本近代史上有名的「薩長同盟」。

日本要求在十九世紀的世界中作為一個民族國家自立下去，就必須出現一個與近代社會相適應的國家政權。外交上的政治鬥爭，促使內部產生變化，而有要求變革體制的運動，明治維新就是在這樣的背景下展開的。

五、近代以來的路向和展望

以 1868 年（明治元年）為象徵性開始的明治維新，在政治上是打破長達 200 多年間「幕藩體制」的一大變革，使日本成為近代天皇制國家；在社會經濟上，明治維新是日本擺脫封建制度的種種羈絆，從而走向資本主義社會的起點。

明治政府成立之初，即致力於汲取西方文化，新知識、新思想的介紹和宣揚，目的既在於建立近代社會，同時也為求達到富國強兵的狀態。另一方面，由於爭取國家獨立自主，民族意識必然高漲，與西方列強勢力和文化相拮抗的民族主義亦隨之湧現，更因採取

以國家權力為中心的路線，結果日本並沒有走向形成國家文化的方面去，而是朝着國家主義發展，後來甚至出現了極端的國家至上主義。

　　大正時期的民主主義運動，是繼明治初年的自由民權運動之後，日本另一次民主主義高漲時期，與第二次世界大戰後的民主改革相呼應。現代日本，正在其自身的歷史經驗中尋找今後的出路。

附錄一　日本歷代天皇表

次序	名稱	生卒年份	在位時間 / 年號
第 1 代	神武天皇		
第 2 代	綏靖天皇		
第 3 代	安寧天皇		
第 4 代	懿德天皇		
第 5 代	孝昭天皇		
第 6 代	孝安天皇		
第 7 代	孝靈天皇		
第 8 代	孝元天皇		
第 9 代	開化天皇		
第 10 代	崇神天皇		
第 11 代	垂仁天皇		
第 12 代	景行天皇		
第 13 代	成務天皇		
第 14 代	仲哀天皇		

次序	名稱	生卒年份	在位時間 / 年號
第 15 代	應神天皇		四世紀末至五世紀初
第 16 代	仁德天皇		五世紀前半
第 17 代	履中天皇		五世紀前半
第 18 代	反正天皇		五世紀前半
第 19 代	允恭天皇		五世紀中
第 20 代	安康天皇		五世紀中
第 21 代	雄略天皇		五世紀後半
第 22 代	清寧天皇		五世紀後半
第 23 代	顯宗天皇		五世紀後半
第 24 代	仁賢天皇		五世紀後半
第 25 代	武烈天皇		五世紀後半
第 26 代	繼體天皇		六世紀前半
第 27 代	安閑天皇		六世紀前半
第 28 代	宣化天皇		六世紀前半
第 29 代	欽明天皇	509–571	531 或 539–571
第 30 代	敏達天皇	538–585	572–585
第 31 代	用明天皇	？–587	585–587
第 32 代	崇峻天皇	？–592	587–592

次序	名稱	生卒年份	在位時間 / 年號
第 33 代	推古天皇 （女帝）	554–628	593–628
第 34 代	舒明天皇	593–641	629–641
第 35 代	皇極天皇 （女帝）	594–661	642–645
第 36 代	孝德天皇	597–654	645–654 大化、白雉
第 37 代	齊明天皇 （女帝）	594–661	655–661 齊明
第 38 代	天智天皇	626–672	661–672 （668 年即位） 天資
第 39 代	弘文天皇	648–672	672 天智臨朝
第 40 代	天武天皇	?–686	672–686 （673 年即位） 天武、朱鳥
第 41 代	持統天皇 （女帝）	645–703	686–697 （690 年即位） 持統
第 42 代	文武天皇	683–707	697–707 文武、大寶、慶雲
第 43 代	元明天皇 （女帝）	661–721	707–715 和銅

次序	名稱	生卒年份	在位時間 / 年號
第 44 代	元正天皇（女帝）	680–748	715–724 靈龜、養老
第 45 代	聖武天皇	701–756	724–749 神龜、天平
第 46 代	孝謙天皇（女帝）	718–770	749–758 天平勝寶、天平寶字
第 47 代	淳仁天皇	733–765	758–764 天平寶字
第 48 代	稱德天皇（女帝）	718–770	764–770 天平神護、天平景雲
第 49 代	光仁天皇	709–782	770–781 寶龜
第 50 代	桓武天皇	737–806	781–806 延曆
第 51 代	平城天皇	774–824	806–809 大同
第 52 代	嵯峨天皇	786–842	809–823 弘仁
第 53 代	淳和天皇	786–840	823–833 天長
第 54 代	仁明天皇	810–850	833–850 承和、嘉祥
第 55 代	文德天皇	827–858	850–858 齊衡、天安

次序	名稱	生卒年份	在位時間 / 年號
第 56 代	清和天皇	850–881	858–876 貞觀
第 57 代	陽成天皇	869–949	876–884 (877 年即位) 元慶
第 58 代	光孝天皇	830–887	884–887 仁和
第 59 代	宇多天皇	867–931	887–897 寬平
第 60 代	醍醐天皇	885–930	897–930 延喜、延長
第 61 代	朱雀天皇	923–952	930–946 承平、天慶
第 62 代	村上天皇	926–967	946–967 天曆、天德、康保
第 63 代	冷泉天皇	950–1011	967–969 安和
第 64 代	圓融天皇	959–991	969–984 天祿、天延、貞元、天元、 永觀
第 65 代	花山天皇	968–1008	984–986 寬和
第 66 代	一條天皇	980–1011	986–1011 永延、永祚、正曆

次序	名稱	生卒年份	在位時間 / 年號
第 67 代	三條天皇	976–1017	1011–1016 長保、寬弘、長保
第 68 代	後一條天皇	1008–1036	1016–1036 寬仁、治安、萬壽、長曆
第 69 代	後朱雀天皇	1009–1045	1036–1045 長曆、長久、寬德
第 70 代	後冷泉天皇	1025–1068	1045–1068 寬德、永承、天喜、康平、 治曆
第 71 代	後三條天皇	1034–1073	1068–1073 治曆、延久
第 72 代	白河天皇	1053–1129	1073–1087 延久、承保、承曆、永保、 應德
第 73 代	堀河天皇	1079–1107	1087–1107 應德、寬治、嘉保、承德、 康和、長治、嘉承
第 74 代	鳥羽天皇	1103–1156	1107–1123 （1108 年即位） 嘉承、天仁、天永、永久、 元永、保安
第 75 代	崇德天皇	1119–1164	1123–1142 保安、大治、長承、保延、 永治

次序	名稱	生卒年份	在位時間／年號
第 76 代	近衛天皇	1139–1155	1142–1155 康治、天養、久安、久壽
第 77 代	後白河天皇	1127–1192	1155–1158 久壽、保元
第 78 代	二條天皇	1143–1165	1158–1165 （1159 年即位） 平治、永曆、應保、永萬
第 79 代	六條天皇	1164–1176	1165–1168 永萬、仁安
第 80 代	高倉天皇	1161–1181	1168–1180 仁安、嘉應、承安、治承
第 81 代	安德天皇	1178–1185	1180–1185 治承、養和、壽永
第 82 代	後鳥羽天皇	1180–1239	1185–1198 （1184 年即位） 元曆、文治、建久
第 83 代	土御門天皇	1195–1231	1198–1210 建久、正治、建仁、元久、 承元
第 84 代	順德天皇	1197–1242	1210–1221 （1211 年即位） 建曆、建保、承久
第 85 代	仲恭天皇	1218–1234	1221 承久

次序	名稱	生卒年份	在位時間 / 年號
第 86 代	後堀河天皇	1212−1234	1221−1232 （1222 年即位） 貞應、元仁、嘉祿、安貞、寬喜
第 87 代	四條天皇	1231−1242	1232−1242 （1233 年即位） 貞永、嘉順、仁治
第 88 代	後嵯峨天皇	1220−1272	1242−1246 仁治、寬元
第 89 代	後深草天皇	1243−1304	1246−1260 寬元、建長、正元
第 90 代	龜山天皇	1249−1305	1260−1274 正元、弘長、文永
第 91 代	後宇多天皇	1267−1324	1274−1287 文永、建治、弘安
第 92 代	伏見天皇	1265−1317	1287−1298 （1288 年即位） 正應、永仁
第 93 代	後伏見天皇	1288−1336	1298−1301 永仁、正安
第 94 代	後二條天皇	1285−1308	1301−1308 正安、嘉元、德治
第 95 代	花園天皇	1297−1348	1308−1318 德治、正和、文保

次序	名稱	生卒年份	在位時間 / 年號
第 96 代	後醍醐天皇	1288–1339	1318–1339 文保、元應、元享、正中、嘉曆、元德、元弘、建武、延元
第 97 代	後村上天皇	1328–1368	1339–1368 延元、興國、正平
第 98 代	長慶天皇	1343–1394	1368–1383 正平、建德、文中、天授、弘和
第 99 代	後龜山天皇	?–1424	1383–1392 弘和、元中
北朝第 1 代	光嚴天皇	1313–1364	1331–1333 （1332 年即位） 正慶
北朝第 2 代	光明天皇	1322–1380	1336–1348 （1338 年即位） 建武、曆心、曆永、貞和
北朝第 3 代	崇光天皇	1334–1398	1348–1351 （1350 年即位） 貞和、觀應
北朝第 4 代	後光嚴天皇	1338–1374	1351–1371 （1354 年即位） 文和、延文、貞治、應安
北朝第 5 代	後圓融天皇	1359–1393	1371–1382 （1375 年即位） 應安、永和、永德

次序	名稱	生卒年份	在位時間 / 年號
第 100 代	後小松天皇	1377−1433	1382−1412 （1392 年即位） 明德、應永
第 101 代	稱光天皇	1401−1428	1412−1428 （1415 年即位） 應永、正長
第 102 代	後花園天皇	1419−1471	1428−1464 （1430 年即位） 永享、嘉吉、文安、寶德、 享德、康正、長祿、寬正
第 103 代	後土御門天皇	1442−1500	1464−1500 （1466 年即位） 寬正、應仁、文明、長享、 延德、明應
第 104 代	後柏原天皇	1464−1526	1500−1526 （1521 年即位） 大永
第 105 代	後奈良天皇	1497−1557	1526−1557 （1536 年即位） 天文、弘治
第 106 代	正親町天皇	1517−1593	1557−1586 （1560 年即位） 永祿、元龜、天正
第 107 代	後陽成天皇	1572−1617	1586−1611 （1587 年即位） 天正、文祿、慶長

次序	名稱	生卒年份	在位時間 / 年號
第 108 代	後水尾天皇	1596−1680	1611−1629 慶長、元和、寬永
第 109 代	明正天皇 （女帝）	1624−1696	1629−1643 （1630 年即位） 寬永
第 110 代	後光明天皇	1633−1654	1643−1654 寬永、正保、慶安、承應
第 111 代	後西天皇	1637−1685	1655−1663 （1656 年即位） 明曆、萬治、寬文
第 112 代	靈元天皇	1654−1732	1663−1687 寬文、延寶、天和、貞享
第 113 代	東山天皇	1675−1710	1687−1709 貞享、元祿、寶永
第 114 代	中御門天皇	1702−1737	1709−1735 （1710 年即位） 寶永、正德、享保
第 115 代	櫻町天皇	1720−1750	1735−1747 享保、元文、寬保、延享
第 116 代	桃園天皇	1741−1762	1747−1762 延享、寬延、寶曆
第 117 代	後櫻町天皇 （女帝）	1740−1813	1762−1771 （1763 年即位） 寶曆、明和

次序	名稱	生卒年份	在位時間 / 年號
第 118 代	後桃園天皇	1758–1779	1771–1779 明和、安永
第 119 代	光格天皇	1771–1840	1780–1817 安永、天明、寬政、享和、文化
第 120 代	仁孝天皇	1800–1846	1817–1846 文化、文政、天保、弘化
第 121 代	孝明天皇	1831–1867	1846–1867 （1847 年即位） 弘化、嘉永、安政、萬延、文久、元治、慶應
第 122 代	明治天皇	1852–1912	1867–1912 （1868 年即位） 明治
第 123 代	大正天皇	1879–1926	1912–1926 （1915 年即位） 大正
第 124 代	昭和天皇	1901–1989	1926–1989 （1928 年即位） 昭和
第 125 代	天皇明仁	1933–	1989–2019 （1990 年即位） 平成
第 126 代	天皇德仁	1960–	2019– （2019 年即位） 令和

附錄二　日本歷史年號表

年號	西曆	時代
大化	645–650	飛鳥
白雉	650–654	飛鳥
朱鳥	686	飛鳥
大寶	701–704	飛鳥
慶雲	704–708	奈良
和銅	708–715	奈良
靈龜	715–717	奈良
養老	717–724	奈良
神龜	724–729	奈良
天平	729–749	奈良
天平感寶	749	奈良
天平勝寶	749–757	奈良
天平寶字	757–765	奈良
天平神護	765–767	奈良
神護景雲	767–770	奈良

年號	西曆	時代
寶龜	770–781	奈良
天應	781–782	奈良
延曆	782–806	平安
大同	806–810	平安
弘仁	810–824	平安
天長	824–834	平安
承和	834–848	平安
嘉祥	848–851	平安
仁壽	851–854	平安
齊衡	854–857	平安
天安	857–859	平安
貞觀	859–877	平安
元慶	877–885	平安
仁和	885–889	平安
寬平	889–898	平安
昌泰	898–901	平安
延喜	901–923	平安
延長	923–931	平安
承平	931–938	平安

年號	西曆	時代
天慶	938−947	平安
天曆	947−957	平安
天德	957−961	平安
應和	961−964	平安
康保	964−968	平安
安和	968−970	平安
天祿	970−973	平安
天延	973−976	平安
貞元	976−978	平安
天元	978−983	平安
永觀	983−985	平安
寬和	985−987	平安
永延	987−989	平安
永祚	989−990	平安
正曆	990−995	平安
長德	995−999	平安
長保	999−1004	平安
寬弘	1004−1012	平安
長和	1012−1017	平安

年號	西曆	時代
寬仁	1017–1021	平安
治安	1021–1024	平安
萬壽	1024–1028	平安
長元	1028–1037	平安
長曆	1037–1040	平安
長久	1040–1044	平安
寬德	1044–1046	平安
永承	1046–1053	平安
天喜	1053–1058	平安
康平	1058–1065	平安
治曆	1065–1069	平安
延久	1069–1074	平安
承保	1074–1077	平安
承曆	1077–1081	平安
永保	1081–1084	平安
應德	1084–1087	平安
寬治	1087–1094	平安
嘉保	1094–1096	平安
永長	1096–1097	平安

年號	西暦	時代
承德	1097–1099	平安
康和	1099–1104	平安
長治	1104–1106	平安
嘉承	1106–1108	平安
天仁	1108–1110	平安
天永	1110–1113	平安
永久	1113–1118	平安
元永	1118–1120	平安
保安	1120–1124	平安
天治	1124–1126	平安
大治	1126–1131	平安
天承	1131–1132	平安
長承	1132–1135	平安
保延	1135–1141	平安
永治	1141–1142	平安
康治	1142–1144	平安
天養	1144–1145	平安
久安	1145–1151	平安
仁平	1151–1154	平安

年號	西曆	時代
久壽	1154–1156	平安
保元	1156–1159	平安
平治	1159–1160	平安
永曆	1160–1161	平安
應保	1161–1163	平安
長寬	1163–1165	平安
永萬	1165–1166	平安
仁安	1166–1169	平安
嘉應	1169–1171	平安
承安	1171–1175	平安
安元	1175–1177	平安
治承	1177–1181	平安
養和	1181–1182	平安
壽永	1182–1185	平安
元曆	1184–1185	平安
文治	1185–1190	鎌倉
建久	1190–1199	鎌倉
正治	1199–1201	鎌倉
建仁	1201–1204	鎌倉

年號	西曆	時代
元久	1204-1206	鎌倉
建永	1206-1207	鎌倉
承元	1207-1211	鎌倉
建曆	1211-1213	鎌倉
建保	1213-1219	鎌倉
承久	1219-1222	鎌倉
貞應	1222-1224	鎌倉
元仁	1224-1225	鎌倉
嘉祿	1225-1227	鎌倉
安貞	1227-1229	鎌倉
寬喜	1229-1232	鎌倉
貞永	1232-1233	鎌倉
天福	1233-1234	鎌倉
文曆	1234-1235	鎌倉
嘉禎	1235-1238	鎌倉
曆仁	1238-1239	鎌倉
延應	1239-1240	鎌倉
仁治	1240-1243	鎌倉
寬元	1243-1247	鎌倉

年號	西曆	時代
寶治	1247–1249	鎌倉
建長	1249–1256	鎌倉
康元	1256–1257	鎌倉
正嘉	1257–1259	鎌倉
正元	1259–1260	鎌倉
文應	1260–1261	鎌倉
弘長	1261–1264	鎌倉
文永	1264–1275	鎌倉
建治	1275–1278	鎌倉
弘安	1278–1288	鎌倉
正應	1288–1293	鎌倉
永仁	1293–1299	鎌倉
正安	1299–1302	鎌倉
乾元	1302–1303	鎌倉
嘉元	1303–1306	鎌倉
德治	1306–1308	鎌倉
延慶	1308–1311	鎌倉
應長	1311–1312	鎌倉
正和	1312–1317	鎌倉

年號	西曆	時代
文保	1317–1319	鎌倉
元應	1319–1321	鎌倉
元亨	1321–1324	鎌倉
正中	1324–1326	鎌倉
嘉曆	1326–1329	鎌倉
元德	1329–1331	鎌倉
元德	1331–1332	北朝
元弘	1331–1334	南朝
正慶	1332–1333	北朝
建武	1334–1338	南朝
建武	1334–1338	北朝
延元	1336–1340	南朝
曆應	1338–1342	北朝
興國	1340–1346	南朝
康永	1342–1345	北朝
貞和	1345–1350	北朝
正平	1346–1370	南朝
觀應	1350–1352	北朝
文和	1352–1356	北朝

年號	西曆	時代
延文	1356−1361	北朝
康安	1361−1362	北朝
貞治	1362−1368	北朝
應安	1368−1375	北朝
建德	1370−1372	南朝
文中	1372−1375	南朝
永和	1375−1379	北朝
天授	1375−1381	南朝
康曆	1379−1381	北朝
弘和	1381−1384	南朝
永德	1381−1384	北朝
至德	1384−1387	北朝
元中	1384−1392	南朝
嘉慶	1387−1389	北朝
康應	1389−1390	北朝
明德	1390−1394	北朝
應永	1394−1428	室町
正長	1428−1429	室町
永享	1429−1441	室町

年號	西曆	時代
嘉吉	1441–1444	室町
文安	1444–1449	室町
寶德	1449–1452	室町
享德	1452–1455	室町
康正	1455–1457	室町
長祿	1457–1460	室町
寬正	1460–1466	室町
文正	1466–1467	室町
應仁	1467–1469	室町
文明	1469–1487	室町
長享	1487–1489	室町
延德	1489–1492	室町
明應	1492–1501	室町
文龜	1501–1504	室町
永正	1504–1521	室町
大永	1521–1528	室町
享祿	1528–1532	室町
天文	1532–1555	室町
弘治	1555–1558	室町

年號	西曆	時代
永祿	1558–1570	室町
元龜	1570–1573	室町
天正	1573–1592	安土桃山
文祿	1592–1596	桃山
慶長	1596–1615	江戶
元和	1615–1624	江戶
寬永	1624–1644	江戶
正保	1644–1648	江戶
慶安	1648–1652	江戶
承應	1652–1655	江戶
明曆	1655–1658	江戶
萬治	1658–1661	江戶
寬文	1661–1673	江戶
延寶	1673–1681	江戶
天和	1681–1684	江戶
貞享	1684–1688	江戶
元祿	1688–1704	江戶
寶永	1704–1711	江戶
正德	1711–1716	江戶

年號	西曆	時代
享保	1716–1736	江戶
元文	1736–1741	江戶
寬保	1741–1744	江戶
延享	1744–1748	江戶
寬延	1748–1751	江戶
寶曆	1751–1764	江戶
明和	1764–1772	江戶
安永	1772–1781	江戶
天明	1781–1789	江戶
寬政	1789–1801	江戶
享和	1801–1804	江戶
文化	1804–1818	江戶
文政	1818–1830	江戶
天保	1830–1844	江戶
弘化	1844–1848	江戶
嘉永	1848–1854	江戶
安政	1854–1860	江戶
萬延	1860–1861	江戶
文久	1861–1864	江戶

年號	西曆	時代
元治	1864－1865	江戶
慶應	1865－1868	江戶
明治	1868－1912	明治
大正	1912－1926	大正
昭和	1926－1989	昭和
平成	1989－2019	平成
令和	2019－	令和

附錄三　日本幕府將軍表

幕府名稱	代數	將軍姓名	在任年月
鎌倉幕府	1	源賴朝	1192.7.12—1199.1.13
	2	源賴家	1202.7.23—1203.9.7
	3	源實朝	1203.9.7—1219.1.27
	4	九條賴經	1226.1.27—1244.4.28
	5	九條賴嗣	1244.4.28—1252.2.20
	6	宗尊親王	1252.4.1—1266.7.2
	7	惟康親王	1266.7.24—1289.9.14
	8	久明親王	1289.10.9—1308.8.4
	9	守邦親王	1308.8.10—1333.5.22
室町幕府	1	足利尊氏	1338.8.11—1358.4.30
	2	足利義詮	1358.12.8—1367.12.7
	3	足利義滿	1368.12.30—1394.12.17
	4	足利義持	1394.12.17—1423.3.18
	5	足利義量	1423.3.18—1425.2.27

幕府名稱	代數	將軍姓名	在任年月
	6	足利義教	1429.3.15－1441.6.24
	7	足利義勝	1442.11.7－1443.7.21
	8	足利義政	1449.4.29－1473.12.19
	9	足利義尚	1473.12.19－1489.3.26
	10	足利義稙	1490.7.5－1521.12.25
	11	足利義澄	1494.12.27－1508.4.16
	12	足利義晴	1521.12.25－1546.12.20
	13	足利義輝	1546.12.20－1565.5.19
	14	足利義榮	1568.2.8－1568.9
	15	足利義昭	1568.10.18－1573.7.19
江戶幕府	1	德川家康	1603.2.12－1605.4.16
	2	德川秀忠	1605.4.16－1623.7.27
	3	德川家光	1623.7.27－1651.4.20
	4	德川家綱	1651.8.18－1680.5.8
	5	德川綱吉	1680.8.23－1709.1.10
	6	德川家宣	1709.5.1－1712.10.14
	7	德川家繼	1713.4.2－1716.4.30
	8	德川吉宗	1716.8.13－1745.9.25
	9	德川家重	1745.11.2－1760.5.13

幕府名稱	代數	將軍姓名	在任年月
	10	德川家治	1760.9.2－1786.9.8
	11	德川家齊	1787.4.15－1837.4.2
	12	德川家慶	1837.9.2－1853.6.22
	13	德川家定	1853.10.23－1858.7.4
	14	德川家茂	1858.12.1－1866.8.11
	15	德川慶喜	1866.12.5－1867.12.9

附錄四　日本國縣對照表

區份	國名		廢藩置縣		道府縣名
（蝦夷地）			北海道	根室	北海道
				札幌	
				函館	
東山道	陸奧	陸奧	青森		青森
		陸中	（秋田）盛岡		（秋田）岩手
		陸前	水澤		
		磐城	仙台		宮城
			磐前		
		岩代	福島		福島
			若松		
	出羽	羽後	秋田		秋田
			酒田		
		羽前	山形		山形
			置賜		

區份	國名	廢藩置縣	道府縣名
	下野	宇都宮	栃木
		栃木	
	上野	群馬	群馬
	信濃	長野	長野
	飛驒	筑摩	岐阜
	美濃	岐阜	
	近江	長濱	滋賀
		大津	
北陸道	越後	（若松）新潟	新潟
		柏崎	
	佐渡	相川	
	越中	新川	富山
	能登	七尾	石川
	加賀	金澤	
	越前	足羽	福井
	若峽	敦賀	
東海道	安房	木更津	千葉
	上總		
	下總	（新治）印旛	

區份	國名	廢藩置縣	道府縣名
	常陸	新治	茨城
		茨城	
	武藏	埼玉	埼玉
		入間	
		東京	東京
	相模	神奈川	神奈川
	伊豆	足柄	（東京）靜岡
	駿河	靜岡	
	遠江	濱松	
	甲斐	山梨	山梨
	三河	額田	愛知
	尾張	名古屋	
	伊賀	安濃津	三重
	伊勢	度會	
	志摩		
南海道	紀伊	和歌山	和歌山
	淡路	名東	（兵庫）
	阿波		德島
	土佐	高知	高知

區份	國名	廢藩置縣	道府縣名
	伊予	宇和島	愛媛
		松山	
	讚岐	香川	香川
畿內	大和	奈良	奈良
	山城	京都	京都
	河內	堺	大阪
	和泉		
	攝津	大阪	
		兵庫	兵庫
山陰道	但馬	豐岡（京都）	
	丹波		
	丹後		（京都）
山陰道	因幡	鳥取	鳥取
	伯耆		
	隱岐	島根	島根
	出雲		
	石見	濱田	
山陽道	播磨	飾磨	岡山

區份	國名	廢藩置縣	道府縣名
	美作	北條	
	備前	岡山	
	備中	深津	
	備後		廣島
	安藝	廣島	
	周防	山口	山口
	長門		
	筑前	福岡	福岡
	筑後	三瀦	
	豐前	小倉	大分
	豐後	大分	
	肥前	伊萬里	佐賀
西海道	壹岐	長崎	長崎
	對馬	（伊萬里）	
	肥後	八代	熊本
		熊本	
	日向	美々津	宮崎
	大隅	都城	鹿兒島
	薩摩	鹿兒島	
（琉球國）		琉球	沖繩

附錄五　日本歷史大事年表

遠古時代	
約 30,000 年前	日本列島形成，出現人類，使用打製石器。
約 10,000 年前	進入新石器時期，稱為繩文文化。經濟生活以狩獵和捕撈為主，後期有原始的農耕。
約 2,300 年前	漢文化開始傳到日本，北九州傳入稻米栽培技術，水稻農耕；使用青銅器、鐵器，是金石並用時期，稱為彌生文化。
公元 1 年前後	部落小國林立，約有百餘國。
57 年	北九州倭奴國王遣使東漢，漢光武帝授以金印，是中日關係有文字記載之始。
107 年	倭面土國王帥升遣使東漢。
239 年	邪馬台國女王卑彌呼遣使帶方郡，魏明帝稱卑彌呼為「親魏倭王」，授以金印。

大和時代 （四世紀初-593）	
四世紀	土葬，造大古墳，稱為古墳時代。
367 年	朝鮮百濟初次派遣使節到日本。

370 年	朝鮮任那（加羅）設日本府。
391 年	日本攻打朝鮮半島，破百濟、新羅，後又與高麗作戰。
四世紀末	大和朝廷統一了除日本東北地方外的大部分地區。
421 年	大和朝廷開始與宋恢復邦交。在以後半個世紀中，贊、彌、濟、興、武大王（稱倭五王）相繼發展與宋的友好關係。
430 年	日本建造最大的仁德天皇陵。
五世紀	養蠶技術傳入。
538 年	佛教由百濟傳入（一說 552 年）。
562 年	任那日本府被置於新羅統治之下。
585 年	物部守屋燒毀佛寺、佛像。
587 年	蘇我氏滅物部氏。
593 年	聖德太子攝政，推行改革。

飛鳥時代 （593–710）	
603 年	制訂冠位十二階。
604 年	制訂憲法十七條。
607 年	小野妹子為首任遣隋使。建造法隆寺。
608 年	隋使裴世清赴日。
622 年	聖德太子逝世，蘇我馬子執政。

630 年	犬上御田鍬首任遣唐使。
645 年 （大化一年）	蘇我氏滅亡，大化革新。初次定年號。
646 年 （大化二年）	發佈大化改新敕令。
658 年 （齊明四年）	阿部比羅夫攻打蝦夷。
663 年 （天智二年）	與唐、新羅聯軍戰於朝鮮白村江口，慘敗，喪失在朝勢力。
668 年 （天智七年）	制訂《近江令》。
670 年 （天智九年）	作庚午年籍（戶籍）。
672 年 （天武一年）	壬申之亂，大海人皇子（天武天皇）戰勝大友皇子。
681 年 （天武九年）	開始編纂新法典《淨御原令》。
684 年 （天武十三年）	更改諸氏族姓，制訂「八色之姓」。

奈良時代 （710-794）	
701 年 （大寶一年）	制訂《大寶律令》。

708 年 （和銅一年）	初次發行貨幣（和銅開珍 / 珎）。
710 年 （和銅三年）	從飛鳥藤原京遷都平城京（奈良）。
712 年 （和銅五年）	太安萬侶撰上《古事記》。
718 年 （養老二年）	制訂《養老律令》。
720 年 （養老四年）	舍人親王《日本書紀》修成。
723 年 （養老七年）	制訂墾田「三世一身法」。
727 年 （神龜四年）	渤海國始遣使到日本。
741 年 （天平十三年）	發佈各國建立國分寺、國分尼寺的敕令。
743 年 （天平十五年）	頒佈「墾田永代私有法」，承認新開墾土地私有。聖武天皇下詔營造金銅盧舍那佛像。
751 年 （天平勝寶三年）	日本最古的漢詩集《懷風藻》成書。
752 年 （天平勝寶四年）	舉行東大寺大佛注魂式。
754 年 （天平勝寶六年）	鑒真和尚到達日本，傳佈律宗。

759 年 （天平寶字三年）	鑒真建唐招提寺。
765 年 （天平神護一年）	道鏡任太政大臣禪師。
770 年 （寶龜一年）	《萬葉集》問世。
784 年 （延曆三年）	遷都長岡京。
788 年 （延曆七年）	最澄建比叡山延曆寺。
平安時代 **（794–1185）**	
794 年 （延曆十三年）	遷都平安京（京都）。
797 年 （延曆十六年）	上田村麻呂任征夷大將軍。
801 年 （延曆二十年）	上田村麻呂攻打蝦夷。
804 年 （延曆二十三年）	最澄、空海從遣唐使入唐。
805 年 （延曆二十四年）	最澄歸國，創天台宗。
806 年 （大同一年）	空海歸國，創真言宗。

842 年 （承和九年）	承和之變，藤原氏陰謀篡權。
858 年 （天安二年）	藤原良房以太政大臣和外戚雙重身份獨攬朝政。
866 年 （貞觀八年）	藤原良房攝政。
887 年 （仁和三年）	藤原基經任關白。
894 年 （寬平六年）	根據菅原道真意見，廢止遣唐使。
899 年 （昌泰二年）	菅原道真任右大臣。
901 年 （延喜一年）	菅原道真被流放到大宰府。
902 年 （延喜二年）	醍醐天皇發佈首次「莊園整理令」。
905 年 （延喜五年）	紀貫之等《古今和歌集》問世。
935 年 （承平五年）	承平、天慶之亂始。（941 年平定）
939 年 （天慶二年）	藤原純友之亂。
969 年 （安和二年）	安和之變，確立藤原氏專權獨裁體制。

995 年 （長德一年）	藤原道長任右大臣。
1002 年 （長保二年）	《枕草子》問世。
1007 年 （寬弘四年）	《源氏物語》問世。
1016 年 （長和五年）	藤原道長攝政。
1051 年 （永承六年）	前九年之役。
1053 年 （天喜一年）	藤原賴通建築宇治的平等院鳳凰堂。
1069 年 （延久一年）	朝廷發佈第四次莊園整理令，設立記錄莊園券契所。
1083 年 （永保三年）	後三年之役。
1086 年 （應德三年）	白河上皇設院廳，實行院政。
1126 年 （大治一年）	建立中尊寺的金色堂。
1156 年 （保元一年）	保元之亂。
1159 年 （平治一年）	平治之亂。

1167 年 （仁安二年）	平清盛任太政大臣，平氏獨攬政權。
1175 年 （安元一年）	法然開創淨土宗。
1180 年 （治承四年）	源賴朝在伊豆舉兵反平氏。設侍所。
1181 年 （治承五年）	平清盛死。
1183 年 （壽永二年）	木曾義仲攻入京都，平氏逃往西周。
1184 年 （壽永三年）	源賴朝在鎌倉設公文所、問注所。
1185 年 （文治一年）	壇浦決戰，平氏滅亡。源賴朝獲准設守護、地頭職。
1191 年 （建久二年）	榮西從宋歸國，推廣禪宗。
鎌倉時代 **（1185–1333）**	
1192 年 （建久三年）	源賴朝任征夷大將軍，設立幕府（鎌倉幕府），武家政治開始。
1205 年 （元久二年）	北條義時執政。藤原定家等《新古今和歌集》出版。
1219 年 （建保七年）	源實朝被殺，源氏滅亡。

1221 年 （承久三年）	承久之亂，流放後鳥羽上皇於隱岐。
1224 年 （元仁一年）	親鸞創辦淨土真宗。 北條義時死，北條泰時執政，設連署。
1225 年 （元仁二年）	北條泰時設評定眾。
1227 年 （安貞一年）	道元開創禪宗（曹洞宗）。
1232 年 （貞永一年）	北條泰時制訂《關東御成敗式目》（貞永式目）。
1253 年 （建長五年）	日蓮創辦日蓮宗（法華宗）。
1274 年 （文永十一年）	忽必烈派元朝大軍第一次攻打日本（文永之役）。
1281 年 （弘安四年）	忽必烈派元軍第二次攻打日本（弘安之役）。
1297 年 （永仁五年）	鎌倉幕府頒佈《永仁德政令》。
1324 年 （正中一年）	後醍醐天皇策動倒幕的正中之變。
1331 年 （元弘一年）	元弘之亂。
1333 年 （元弘三年）	鎌倉幕府倒台。

室町時代 （1333–1568）	
1334 年 （建武一年）	後醍醐天皇實行建武新政。
1335 年 （建武二年）	足利尊氏發動兵變反朝廷。
1336 年 （建武三年）	湊川會戰。後醍醐天皇移居吉野，南北朝對峙開始。足利尊氏制訂《建武式目》。
1338 年 （曆應一年）	足利尊氏任征夷大將軍，建立幕府（室町幕府）。
1339 年 （延元四年）	北畠親房寫成《神皇正統記》。
1350 年 （觀應一年）	倭寇猖獗。
1368 年 （觀安一年）	足利義滿任征夷大將軍。
1378 年 （永和四年）	足利義滿遷至京都室町，營造花御所，自是始有室町幕府之稱。
1392 年 （明德三年）	南北朝統一。
1394 年 （應永一年）	足利義滿任太政大臣。
1397 年 （應永四年）	足利義滿建金閣寺；幕府遣使赴明。

1404 年 （應永十一年）	日明勘合貿易開始。
1428 年 （正長一年）	德政一揆，農民起義波及各地。
1457 年 （長祿一年）	太田道灌築江戶城。
1467 年 （應仁一年）	應仁、文明之亂爆發（至 1477 年）。
1485 年 （文明十七年）	山城國一揆，農民、國人起義。
1488 年 （長享二年）	加賀國發生一向一揆（一向宗起義），建立「百姓掌權之國」。
1489 年 （延德一年）	足利義政在京都東山建銀閣寺。
1543 年 （天文二年）	葡萄牙人到種子島，傳入鐵炮。
1549 年 （天文十八年）	法國人皮薩羅到鹿兒島傳基督教，西班牙傳教士沙勿略傳入天主教。
1560 年 （永祿三年）	織田信長在桶狹間破今川義元。
1561 年 （永祿四年）	上杉謙信與武田信玄在川中島交戰。
1568 年 （永祿十一年）	織田信長廢止各國關所。

1571 年 （元龜二年）	織田信長燒毀叡山延曆寺。
1573 年 （天正一年）	織田信長驅逐將軍足利義昭，推翻室町幕府。
安土桃山時代 **（1568—1600）**	
1575 年 （天正三年）	織田信長、德川家康聯軍與武田信玄在三河的長篠城決戰，獲勝。
1576 年 （天正四年）	織田信長築安土城。
1582 年 （天正十年）	大村、大友、有馬三大名向羅馬教皇派少年使節。本能寺之變，織田信長被明智光秀殺死。豐臣秀吉在山崎戰役打敗明智光秀；實行太閤檢地（丈量土地）。
1583 年 （天正十一年）	豐臣秀吉在賤岳破柴田勝家；修築大阪城。
1585 年 （天正十三年）	豐臣秀吉任關白。
1587 年 （天正十五年）	豐臣秀吉在京都建築聚樂第；驅逐基督教宣教士。
1588 年 （天正十六年）	豐臣秀吉發佈《刀狩令》（上交武器令），沒收非武士的武器。鑄「天正大判」（金幣）。
1590 年 （天正十八年）	豐臣秀吉平定全國，統一日本。

1592 年 （文祿一年）	豐臣秀吉出兵朝鮮（文祿之役）。
1597 年 （慶長二年）	豐臣秀吉再次出兵朝鮮（慶長之役）。
1598 年 （慶長三年）	豐臣秀吉死。
江戶時代 **（1600–1868）**	
1600 年 （慶長五年）	關原之戰，德川家康開始稱霸。
1603 年 （慶長八年）	德川家康任征夷大將軍，建立江戶幕府（又稱德川幕府）。出雲的阿國表演歌舞伎。
1604 年 （慶長九年）	幕府修建東海、東山、北陸的公路，修築一里塚。
1609 年 （慶長十四年）	荷蘭人在平戶進行貿易。
1612 年 （慶長十七年）	幕府頒佈基督教禁令。
1613 年 （慶長十八年）	支倉常信出使羅馬。
1614 年 （慶長十九年）	豐臣氏與德川氏相鬥。
1615 年 （元和一年）	豐臣氏被打敗。頒佈《一國一城令》，制訂《武家諸法度》和《禁中並公家諸法度》。

1629 年 （寬永六年）	長崎舉行「踏繪」（踏畫）。
1630 年 （寬永七年）	禁止進口有關基督教的洋書。
1633 年 （寬永十年）	正式頒佈《鎖國令》，禁止朱印船以外的船舶渡航海外。
1634 年 （寬永十一年）	長崎修建出島，作為葡萄牙人住居街。
1635 年 （寬永十二年）	制訂參覲交替制度。禁止海外日本人歸國。
1637 年 （寬永十四年）	島原、天草起義。
1639 年 （寬永十六年）	禁止外貿，只許與中國、荷蘭通商。
1641 年 （寬永十八年）	荷蘭的平戶商館遷至長崎出島。
1649 年 （慶安二年）	幕府為統治農民，發佈《慶安御觸書》。
1651 年 （慶安四年）	由井正雪等發動慶安事件。
1657 年 （明曆三年）	江戶發生明曆大火災，10 萬人死亡。德川光圀修史局，開始編纂《大日本史》。
1687 年 （貞享四年）	發佈《保護生物令》。

218

1702 年 （元祿十五年）	赤穗（令兵庫縣）浪人武士 47 人為主君報仇。
1716 年 （享保一年）	德川吉宗任將軍，實行享保改革，進一步加強幕藩體制。
1717 年 （享保二年）	大岡忠相（越前守）任江戶町奉行。
1720 年 （享保五年）	放寬禁書令，准許基督教以外的漢譯洋書進口。
1732 年 （享保十七年）	開始生產棉布。
1733 年 （享保十八年）	米價暴漲，江戶發生搗毀暴動。
1742 年 （寬保二年）	規定審判、刑罰的《公事方御定書》問世。
1772 年 （安永一年）	田沼意次任老中。
1774 年 （安永三年）	杉田玄白、前野良澤翻譯《解體新書》。
1776 年 （安永五年）	平賀源內製作發電機。
1782 年 （天明二年）	天明大饑荒，餓死者甚多。（至 1787 年）
1787 年 （天明七年）	松平定信任老中。

1789 年 （寬政一年）	松平定信進行寬政改革。
1791 年 （寬政三年）	林子平出版《海國兵談》。
1792 年 （寬政四年）	俄國使節拉克斯曼到北海道根室求通商。
1798 年 （寬政十年）	本居宣長《古事記傳》出版。
1800 年 （寬政十二年）	伊能忠敬測繪北海道。
1804 年 （文化一年）	俄國使節雷札諾夫到長崎求通商。
1808 年 （文化五年）	英國船法厄同號到長崎。間宮林藏到樺太探險。
1811 年 （文化八年）	幕府設立蘭學譯書局，開始翻譯《厚生新編》。
1821 年 （文政四年）	伊能忠敬完成大日本沿海全圖。
1823 年 （文政六年）	德國醫生西博爾德到長崎，任荷蘭商館副醫官，開設鳴瀧塾。
1825 年 （文政八年）	幕府趕走外國船舶。
1832 年 （天保三年）	發生天保大饑荒。高野長英等組織「尚齒會」（蠻學之社）。

1837 年 （天保八年）	大鹽平八郎之亂。
1839 年 （天保十年）	尚齒會因批評幕政遭鎮壓，渡邊華山、高野長英被判刑，稱「蠻社之獄」。
1841 年 （天保十二年）	老中水野忠邦實行政治改革（天保改革）。
1853 年 （嘉永六年）	美國使節培里到浦賀，要求開港通商。俄國使節浦查亭到長崎。
1854 年 （安政一年）	幕府與美國締結《日美和親條約》（神奈川條約），鎖國體制瓦解。 幕府與英國、俄國締結友好條約。
1856 年 （安政三年）	美國總領事哈利斯到日本。
1858 年 （安政五年）	井伊直弼任大老。與美、俄、荷、英、法締結《安政五國條約》。 幕府鎮壓反對派，發生「安政大獄」。
1859 年 （安政六年）	橋本左內、吉田松陰、賴三樹三郎等被處死刑。
1860 年 （萬延一年）	井伊大老被殺害。櫻田門外之變，尊王攘夷派志士介入政治。
1862 年 （文久二年）	老中安藤信正被傷害。生麥事件。
1863 年 （文久三年）	高杉晉作建「奇兵隊」。薩摩藩與英國東洋艦隊發生戰事（薩英戰爭）。8 月 18 日政變。

1864 年 （元治一年）	哈御門事變。美、英、法、荷四國聯合艦隊炮轟下關。第一次長州征討。
1866 年 （慶應二年）	薩摩、長州兩藩聯合反對幕府。第二次長州征討。
1867 年 （慶應三年）	明治天皇即位。德川慶喜「大政奉還」，結束幕府統治，天皇宣佈「王政復古」。

主要參考書目

（一）中文著作

- 〔日〕丸山真男著，徐白、包滄瀾譯《日本政治思想史研究》，台北：台灣商務印書館，1980 年。

- 中國日本史研究會編《日本史論文集》，北京：三聯書店，1982 年。

- 中國日本史研究會編《日本史論文集》，瀋陽：遼寧人民出版社，1985 年。

- 中國社會科學院編《簡明日本百科全書》，北京：中國社會科學院出版社，1994 年。

- 〔日〕井上清著，閻伯緯譯《日本歷史》，西安：陝西人民出版社，2010 年。

- 王仲濤、湯重南著《日本史》，北京：人民出版社，2008 年。

- 王金林著《簡明日本古代史》，天津：天津人民出版社，1984 年。

- 王金林編著《日本歷史基本史料集》（第一卷），北京：人民出版社，2017 年。

- 王長新、金峰玉主編《日本學辭典》，吉林教育出版社，1990 年。

- 王勇著《日本文化——模仿與創新的軌迹》，北京：高等教育出版社，2002 年。

- 王新生編著《日本簡史》，北京：北京大學出版社，2005 年。

- 王輯五選譯《1600 年以前的日本》，北京：商務印書館，1983 年。

- 史世勤主編《中醫傳日史略》，武昌：華中師範大學出版社，1991 年。

- 左秀靈校訂《日本歷史辭典》，台北：名山出版社，1988 年。

- 〔日〕永田廣志著，陳應年、姜晚成、尚永清等譯《日本哲學思想史》，北京：商務印書館，1992 年。

- 甘友蘭著《日本通史》（上、下冊），香港：自由出版社，1957 年。

- 〔日〕石田一良著，許極燉譯《日本文化——歷史的展開與特徵》，上海：上海外語教育出版社，1989 年。

- 成春有、汪捷主編《日本歷史文化詞典》，南京大學出版社，2010 年。

- 〔日〕竹內理三等編，沈仁安、馬斌等譯《日本歷史辭典》，天津：天津人民出版社，1988 年。

- 余又蓀著《日本史》（三冊），台北：中華文化出版事業委員會，1956 年。

- 吳廷璆主編《日本史》，天津：南開大學出版社，1994 年。

- 吳杰主編《日本史辭典》，上海：復旦大學出版社，1992 年。

- 呂元明主編《日本文學辭典》，上海：上海辭書出版社，1994 年。

- 〔日〕坂本太郎著，汪向榮、武寅、韓鐵英譯《日本史概論》，北京：商務印書館，1992 年。

- 〔日〕杉本勳編，鄭彭年譯《日本科學史》，北京：商務印書館，1999 年。

- 李永熾著《日本史》，台北：牧童出版社，1972 年。

- 李德安主編《日本知識辭典》，武漢：湖北辭書出版社，1991 年。

- 沈仁安著《日本史研究序說》，香港：香港社會科學出版社，2001 年。

- 〔日〕依田憙家著，卞立強、李天工譯《簡明日本通史》，北京：北京大學出版社，1989 年。

- 林明德著《日本史》，台北：三民書局，1986 年。按：此書修訂二版於 2005 年出版。

- 〔日〕家永三郎著，劉績生譯《日本文化史》，北京：商務印書館，1992年。

- 浙江大學日本文化研究所編著《日本歷史》，北京：高等教育出版社，2003年。

- 袁國昌、張國仁著《日本簡史》，香港：開明書店，1993年。

- 高雲龍著《浮世繪藝術與明清版畫的淵源研究》，北京：人民出版社，2011年。

- 張其昀、沈覲鼎監修《日本簡明百科全書》，台北：華岡出版部，1973年。

- 張蔭桐選譯《1600至1914年的日本》，北京：三聯書店，1957年。

- 〔日〕梅原猛著，卞立強、李力譯《世界中的日本宗教》，成都：四川人民出版社，2006年。

- 〔日〕笠原英彥著，陳鵬仁譯《日本歷代天皇傳略》，台北：台灣商務印書館，2004年。

- 陳恭祿著《日本全史》，北京：工人出版社，2018年。按：此書初版，1926年由上海商務印書館出版。

- 陶振譽著《日本史綱》，台北：國防研究院，1964年。

- 葉渭渠著《日本文化史》，桂林：廣西師範大學出版社，2005年。

- 賈春華著《日本漢醫古方派研究》，長春：長春出版社，1996年。

- 趙建民、劉予葦主編《日本通史》，上海：復旦大學出版社，1989年；台北：五南圖書出版有限公司，1991年。

- 劉利國、何志勇編著《插圖日本文學史》，北京：北京大學出版社，2008年。

- 劉德有、馬興國主編《中日文化交流事典》，瀋陽：遼寧教育出版社，1992年。

- 潘桂娟、樊正倫編著《日本漢方醫學》，北京：中國中醫藥出版社，

1994 年。

- 鄭彭年著《日本西方文化攝取史》，杭州：杭州大學出版史，1996 年。

- 鄭彭年著《日本中國文化攝取史》，杭州：杭州大學出版社，1999 年。

- 鄭樑生編著《日本史——現代化的東方文明國家》，台北：三民書局，2003 年。

- 鄭學稼著《日本史》（五冊），台北：黎明文化事業公司，1977 年。

- 謝六逸著《日本文學　•　神話學 ABC》，鄭州：中州古籍出版社，2016 年。

- 蘇振申著《日本上古中世史》，台北：自印本，1974 年。

- 蘇振申著《日本近世史》，台北：自印本，1976 年。

（二）日文著作

- 大塚恭男著《東洋醫學》，東京：岩波書店，1996 年。

- 五味文彥編《日本史重要人物 101》，東京：新書館，1996 年。

- 五味文彥、高埜利彥、鳥海靖編《詳説日本史研究》，東京：山川出版社，1998 年。

- 永原慶二監修《岩波日本史辭典》，東京：岩波書店，1999 年。

- 兒玉幸多監修《日本史人物事典》，東京：講談社，1995 年。

- 岩城隆利編《小學歷史事典》，大阪：むさし書房，1985 年。

- 高柳光壽、竹內理三編《日本史辭典》，東京：角川書店，1975 年。

- 笠原英彥著《歷代天皇總覽》，東京：中央公論新社，2001 年。

- 朝比奈正幸等編《新編國民日本史》，東京：原書房，1987 年。

- 菊地貞夫著《浮世繪》，大阪：保育社，1963 年。

（三）英文著作

- *Japan: An Illustrated Encyclopedia.* 2 Vols. Tokyo: Kodansha Ltd., 1993.

- *The Cambridge Encyclopedia of Japan.* Cambridge, New York and Melbourne: Cambridge University Press, 1993.

- *The Kodansha Bilingual Encyclopedia of Japan.* Tokyo: Kodansha International Ltd., 1998.（《對譯日本事典》，東京：講談社國際株式會社，1998）

- *The Kodansha Encyclopedia of Japan.* 9 vols. Tokyo and New York: Kodansha Ltd., 1983.

- Joseph M. Goedertier Compiled, *A Dictionary of Japanese History.* New York and Tokyo: Walker/Weatherhill, 1968.

- Marius B. Jensen, *Japan and Its World: Two Centuries of Change.* Princeton: Princeton University Press, 1980.

- Edwin O. Reischauer, *Japan: Past and Present.* 3rd ed. New York:Alfred A.Knopf, 1964.

- *The Cambridge History of Japan.* Vols. 1-6. Cambridge: Cambridge University Press, 1988.

- H. Paul Varley, *Japanese Culture.* Forth Edition. Honolulu: University of Hawaii Press, 2000.